www.tredition.de

AF217801

www.tredition.de

© 2018 Steven Rau

Verlag und Druck: tredition GmbH, Hamburg

ISBN
Paperback: 978-3-7469-0191-6
Hardcover: 978-3-7469-0192-3
e-Book: 978-3-7469-0193-0

Das Werk, einschließlich seiner Teile, ist urheberrechtlich geschützt. Jede Verwertung ist ohne Zustimmung des Verlages und des Autors unzulässig. Dies gilt insbesondere für die elektronische oder sonstige Vervielfältigung, Übersetzung, Verbreitung und öffentliche Zugänglichmachung.

Endstation Kopf –
Über Grenzen gehen

Steven Rau

Vorwort

Dieses Buch ist für mich eine Möglichkeit, meine eigenen Gedanken zu sammeln und auch selbst immer mal wieder darin zu blättern. Es gibt mir Kraft, Zuversicht und Motivation für neue Abenteuer – sportlicher, beruflicher oder auch privater Natur. Es zeigt mir den Weg, mich mental zu entwickeln und nie in meiner Komfortzone zu verweilen. Ich habe irgendwann gemerkt, dass die Thematik der mentalen Stärke nicht nur mich als Sportler und Geschäftsführer interessiert, sondern jeden Sportler und jeden Menschen mit beruflichen und privaten Zielen. Meine Erfahrungen möchte ich daher auch mit anderen Menschen teilen und Ihnen eine Hilfestellung geben, damit sie ihre Ziele erreichen können.

Es freut mich immer riesig, wenn mir Sportler schreiben, dass sie sich bei sportlichen oder privaten Herausforderungen an eine meiner Geschichten erinnern und somit zusätzliche Kräfte mobilisieren. Wenn es mir mit diesem Buch gelingt, auch nur einige Menschen beim Erreichen ihrer sportlichen oder beruflichen Ziele zu unterstützen, habe ich schon mehr bewirkt, als ich es mir hätte wünschen können.

Mit diesem Buch möchte ich all diejenigen erreichen, die vor einer Herausforderung stehen. Diese kann ganz vielfältig ausfallen. Sportlich gesehen, ist es für den einen ein Marathon und für den anderen eine Stadionrunde, den oder die er vorher nie gelaufen ist. Ich möchte aber auch erklären, welche enge Verknüpfung Sport, Berufs- aber auch Privatleben miteinander haben und aufzeigen, wie ich diese mentale Einstellung nicht nur im Sport nutze, sondern auch auf andere Lebensbereiche übertrage.

Der Leser darf einen etwas anderen Reisebericht erwarten. Ich will keine Geschichte erzählen, sondern ihn mitnehmen, wenn ich leide, weine oder fröhlich bin. Mit praktischen Beispielen – untermauert durch wissenschaftliche Erkenntnisse – möchte ich die Fähigkeit vermitteln, eigene körperliche und mentale Grenzen etwas zu verschieben beziehungsweise zu erweitern. Dabei ist es eine ganz bewusste Entscheidung des Lesers, wo er sich diese Grenzen setzt.

INHALTSVERZEICHNIS

Die erste Tagesetappe und der Kampf im Kopf

Die Tagesetappen 13 bis 15

KAPITEL 1 –

WARUM TUE ICH MIR DAS AN?

Noch bevor ich mit meinem Lauf beginnen kann, werden mir zahlreiche Fragen darüber gestellt, wie ich auf so einen Blödsinn komme. Für mich scheint die Antwort ganz plausibel: Sport und Bewegung gehören für mich dazu, seit ich denken kann. Schon in jungen Jahren begann ich mit dem Schwimmen und wechselte später für lange Zeit zum Fußball. In der darauffolgenden Zeit faszinierte mich der Kampfsport. Außerdem lief ich Marathons, nahm an Hindernisläufen teil – wie am Braveheart – und suchte irgendwann nach etwas Neuem. Ich habe Spaß daran, neue Dinge zu lernen, Dinge zu finden, die mich heraus-fordern. So kam ich 2013 auf die Idee, durch Deutschland zu laufen. Spaß macht so ein Deutschlandlauf natürlich nicht unbedingt, soviel schon mal vorweg, er ist nicht   einmal gesund.

Was treibt mich also sonst dazu, eine solche Tour zu starten?

Seit über 10 Jahren ist unser Familienunternehmen „Team Rau Seminare" meine berufliche Heimat. Ich selbst bin dort als Trainer tätig und referiere zu Themen wie Teamentwicklung, Zielerreichung, Motivation und

Konfliktmanagement. Nun ja, ich kann alle theoretischen Gesichtspunkte erläutern, welche diese Themen hergeben. Nur allein mit der Theorie ist nicht viel gewonnen. Wie schon früher an der Uni, mangelt es am Praxisbezug. Ich möchte selbst erfahren, worüber ich so viel zu wissen vorgebe. Ich will selbst diesen Punkt erleben, an dem es nicht mehr weitergeht, an dem ich keine Lust mehr habe, auch nur noch einen Schritt zu gehen, der Punkt an dem ich wirklich an meine mentalen und physischen Grenzen stoße. Denn ich glaube, nur über diese Erfahrung kann ich auch überzeugend vermitteln, was es heißt, über Grenzen zu gehen und Ziele zu erreichen.

Dieser Lauf ist also für mich der ultimative Test, um einerseits auf den 900 Kilometern meine körperlichen Grenzen auszutesten und gleichzeitig durch die geringe Nahrungsaufnahme bei körperlicher Belastung an meine mentalen Grenzen zu stoßen.

Wenn ich dies wirklich schaffe, so meine Vorstellung, ergänze ich damit perfekt meine bisherigen Erfahrungen und theoretischen Kenntnisse. Ich will in der Lage sein, nicht nur über das zu reden, was in den Büchern geschrieben steht, sondern über die Wirklichkeit, aufgrund meiner eigenen Erfahrungen.

Für mich als Sportler war schon immer klar, dass der Kopf – im Sport genauso wie im beruflichen Alltag – eine entscheidende Rolle spielt. Die Frage, wie groß der mentale Faktor wirklich ist, will ich mir mit diesem Abenteuer beantworten.

KAPITEL 2 –

MOTIVATION + TRAINING +

VORBEREITUNG

= ERFOLG?

Was ist Motivation?

Was motiviert mich (was nicht)?

Welchen Anteil hat Training und Vorbereitung für das Erreichen meiner Ziele?

Warum reichen Veranlagung, gutes Training oder ein Ziel allein nicht, um Erfolg zu haben?

Faktor mentaler Stärke: Vorausschauende Planung und kreative Problemlösung

In der Regel werden wir im sportlichen Bereich, aber auch in allen anderen, in denen entweder bestimmte Leistungen oder definierte Ergebnisse gefordert werden, auf den Begriff der Motivation stoßen.

Doch was ist Motivation überhaupt?

Die Motivation eines Menschen ist nicht viel mehr als sein intensives dauerhaftes Streben nach einem bestimmten Ziel. Sie ist also ein Antrieb, der uns dazu veranlasst, Dinge zu erreichen. Diese können alles Mögliche sein und reichen beispielsweise von sportlichen Erfolgen bis zum Abgewöhnen des ungeliebten Rauchens. Es ist eine Ansammlung verschiedenster Beweggründe, die uns steuern, auf unser gewünschtes Ziel hinzuarbeiten und dieses zu erreichen. Für den einen ist es die Anerkennung, welche er für das erreichte Ziel erlangt, für den anderen vielleicht das eigene Kind, welches durch das Abgewöhnen des Rauchens vor dem Passivrauchen geschützt werden soll. Wenn es also die Motive sind, die uns anleiten, müsste ich zu diesem Ergebnis kommen: Wenn eine genügend hohe Motivation vorhanden ist, werden wir unser gestecktes Ziel auch erreichen.

Ist dem wirklich so? Nun, wenn dem so wäre, hätten es viel mehr Menschen wesentlich einfacher. Aus meinen Gesprächen mit ihnen, geht immer wieder hervor, dass es an Motivation und Zielen in den meisten Fällen nicht zu mangeln scheint.

Ein Grund, der uns trotz hoher Motivation scheitern lässt, ist möglicherweise die Quelle der Motivation. Strebe ich beispielsweise allein nach Anerkennung anderer dafür, dass ich mir das Rauchen abgewöhne? In diesem Fall ist die

Motivation von außen gesteuert (extrinsisch) und zielt darauf ab, dass ich Anforderungen, die von außen an mich herangetragen werden, erfüllen will – oder muss. Gleiches gilt für den Mitarbeiter, der seinen Job hauptsächlich des Geldes wegen macht, oder den Menschen, der glaubt, er müsse dem gängigen Schönheitsideal entsprechen und sich deshalb dreimal pro Woche im Fitness-Studio quälen. All diese Motive können einen bestimmten (vielleicht sogar den gewünschten) Erfolg erzielen, sind jedoch immer von äußeren Faktoren – um genau zu sein von Belohnungen – abhängig. Im Umkehrschluss ist es deshalb häufig so, dass bei ausbleibender Belohnung (ich nehme nicht ab, obwohl ich ins Fitness-Studio gehe; ich werde nicht befördert, obwohl ich fachlich mehr drauf habe, als mein Kollege) die Motivation sinkt.

Wenn ich den Schritt der Rauchentwöhnung oder den Weg ins Fitness-Studio jedoch vor allem deshalb gehe, weil ich verstanden habe, dass Rauchen schlecht für mich und meine Umwelt ist, oder dass Sport mein Leben bereichert, weil es mir dadurch besser geht, oder ich meinem Job nachgehe, weil er mir Spaß macht, sprechen wir von intrinsischer Motivation. Diese Motivationsquelle kann häufig längerfristiger und beständiger aufrecht-erhalten werden und scheint auch anhaltendere Erfolge zu erzielen, weil es hier nicht primär um Belohnung von außen geht.

Deshalb ist es wichtig, herauszufinden, wofür man „brennt". Einigen Menschen fällt das ganz leicht. Sie haben bereits frühzeitig entdeckt, wofür ihr Herz schlägt – so wie ich. Sport und Bewegung waren für mich immer wichtig, gehörten immer zu meinem Leben. Natürlich messe ich mich auch mit anderen, das ist klar und gehört dazu. Wichtig ist für mich aber an erster Stelle: Es muss *mich* bewegen, faszinieren, antreiben und *mir* eine persönliche Entwicklung ermöglichen. Ich habe Freude daran, neue Erfahrungen zu machen.

Am besten sollten es Erfahrungen sein, die mich herausfordern, bei denen ich vorher nicht weiß, ob ich schaffe, was ich mir vorgenommen habe. Deshalb suche ich immer wieder nach Abenteuern, bei denen ich das Ende der Geschichte nicht absehen kann und bei denen ich sowohl körperlich als auch mental an meine Grenzen gehen muss. Wenn ich dieses Interesse nicht verspüre, wenn dieses Kribbeln bei einem Projekt fehlt und ich nicht dafür brenne, lasse ich es sein, denn dann werde ich vermutlich scheitern. Es gibt natürlich auch Menschen, die aus unterschiedlichen

Gründen nicht wissen, wofür sie brennen, sie meinen sogar, dass sie kein besonderes Talent haben. Diese Menschen könnten sich beispiels-weise folgende Fragen stellen:

Was möchte ich den ganzen Tag tun, ohne dafür Geld zu bekommen?

Woran habe ich ein unbändiges Interesse?

Was sind meine Neigungen?

Die Beantwortung dieser Fragen wäre ein wichtiger Hinweis darauf, welchen Weg – beruflich als auch privat – diese Menschen einschlagen können.

Der renommierte Wirtschafts- und Arbeitspsychologe Dr. Othmar Hill ist sich sicher: „Bei uns wird immer die Eignung über die Leistung definiert anstatt über die Neigung. Das ist aber falsch, denn die Neigung ist zu 80 Prozent ausschlaggebend, um im Berufs- oder auch im Privatleben Erfolg zu haben."

Zwischenfazit: Wenn ich das, was ich tue, gern tue, werde ich erfolgreich sein.

Aber reicht das? Nein! Es reicht natürlich nicht, dass ich gerne schwimme, um Weltmeister im 200-Meter-Lagenschwimmen zu werden. Es reicht auch nicht, dass ich es liebe, Personalverantwortung zu übernehmen, um ein erfolgreicher Chef zu sein und es reicht auch nicht, eine einzigartige Geschäftsidee zu haben, um damit meinen Lebensunterhalt zu verdienen.

Im sportlichen Bereich muss ich trainieren und natürlich Erfahrungen sammeln, worin ich gut oder der Beste sein möchte. Gleiches gilt für den beruflichen Bereich. Das Berufsleben ist ja letztlich auch nichts anderes als tägliches Training.

Ich habe viele Menschen kennengelernt, die ständig neue Rekorde in Ihrer Sportart aufstellen, die wahre Genies auf ihrem Fachgebiet oder in ihrer Arbeit sind. Und ich sehe genauso oft, wie diesen Sportlern, Geschäfts-leuten und Referenten die Nerven bei Wettkämpfen, wichtigen Vertragsverhandlungen und Vorträgen durchgehen, wie diese Genies kein Wort in meinen Seminaren hervorbringen oder bei Prüfungen versagen.

Es muss also weitere Faktoren geben, die den Unterschied ausmachen, zwischen dem, der seine Ziele erreicht, und dem, der scheitert. Einer dieser Faktoren liegt bereits in der mentalen Vorbereitung. Wie bereite ich mich aber auf eine Aufgabe vor, die da lautet: Laufe schnellstmöglich von Wilhelmshaven bis hoch zur Zugspitze. Du darfst nur von und mit dem leben, was die Natur dir bietet.

Kann man sich denn überhaupt auf solch ein Experiment vorbereiten? Im Vorfeld habe ich daran oft gezweifelt. Selbst wenn ich jeden Tag 10-Kilometer-Trainingsläufe absolviere, ist das nichts im Vergleich zu der bevorstehenden Strecke. Wenn ich vorbereitend im Freien schlafe, bleibt die Situation noch immer eine andere. Hinzu kommen noch die vielen nicht vorhersehbaren Aufgaben, denen ich mich während meines Laufes stellen werden muss.

Aber ich möchte zumindest eine gute Basis schaffen, welche einen Erfolg möglich erscheinen lässt. Meine Vorbereitung bestand daher aus einem bunten Mix. Mein ohnehin schon sehr vielseitiges Sportprogramm aus Fitnessübungen, Kampfsport, Basketball und Schwimmen, versuchte ich beizubehalten und ergänzte es durch einige kürzere Läufe mit Gepäck auf dem Rücken. Dies sollte zumindest den körperlichen Bereich ausreichend auf dieses Projekt vorbereiten. Mental hat mich mein Training im

Kampfsportbereich vorangebracht. Ich hatte zu Trainingsbeginn immer eine Übung, welche mich völlig fertigmachte. Es war eine simple Halteübung, bei der es lediglich darum ging, die Arme seitlich ausgestreckt auf Schulterhöhe so lange wie möglich zu halten. Andere Sportler schienen diese Übung viel länger als ich machen zu können und ich war bereits nach kurzer Zeit schon völlig am Ende. Körperlich war ich fit, daran konnte es nicht liegen.

Ich entdeckte, wie sehr es mir hilft, bei der Übung zu sprechen, Quatsch zu machen, mich einfach abzulenken. Plötzlich war bereits die doppelte Zeit abgelaufen, ehe ich den ersten Schmerz spürte. Dieses Erlebnis war für mich der Punkt, an dem ich begann, intensiver darüber nachzudenken, welchen Einfluss mentale Faktoren auf das Erreichen von Zielen haben. Aber dazu später mehr.

Heute weiß ich, sich 100-prozentig darauf vorzubereiten und die Garantie zu haben, ein solches Projekt zu bewerkstelligen, ist nicht möglich. Zu groß sind die ungewissen Komponenten eines solchen Vorhabens und zu viel hängt von der mentalen Einstellung ab. Wer weiß schon, wie der Körper reagiert, wenn er 15 Tage keine richtige Nahrung bekommt, man sich von halbreifen Pflaumen und

Äpfeln ernähren muss und sich drei Tage in nasser Kleidung bewegt. Ich hatte Angst davor, Angst vor dem was mich erwartet, vielleicht auch gerade weil ich nicht abschätzen konnte, was dies genau sein wird. Aber ich war auch freudig, nahezu geladen. Dieses Projekt hatte ich lange im Kopf, habe geplant, geredet, überlegt und mir tausend Gedanken gemacht. Es hatte sich so unendlich viel Druck aufgebaut.

Merke: Ich kann nicht genau voraussagen, welchen Herausforderungen ich mich auf meinem Abenteuer stellen muss, aber ich kann versuchen, mich bestmöglich auf ungewisse Anteile dieses Abenteuers vorzubereiten.

Nur allzu häufig können wir den Medien entnehmen, dass es richtige Trainingsweltmeister gibt, die ohne Probleme allein mit Ihren Trainingszeiten an der Spitze Ihrer Sportart mitmischen können. Es gibt so viele Menschen, die sich völlig aufgeben für ihren Beruf, ihren Sport und ihre Leidenschaft, aber nur die wenigsten von ihnen schaffen es damit wirklich bis an die Spitze oder bleiben hinter ihren Möglichkeiten zurück, wenn es ernst wird. Es kann also auch nicht am Training oder der Vorbereitung liegen, dass nicht jeder Erfolg hat oder seine Ziele erreicht. Denn fleißig und gut strukturiert sind etliche Menschen.

KAPITEL 3 –

AUF DIE PLÄTZE, FERTIG, LOS!

Ein guter Start in Wilhelmshaven

Die erste Tagesetappe und der Kampf im Kopf

Es ist Donnerstag, der 29. August 2013, als ich mich in mein Abenteuer stürze. Ein wunderschöner Tag, voll Sonnenschein. Ein Tag, um über Grenzen zu gehen. Was sollte da schiefgehen? Ich habe unzählige Male darüber nachgedacht, wie dieser Lauf wohl sein wird. Ist das überhaupt machbar? Habe ich mich auf diese Unternehmung wirklich vorbereitet? Habe ich eigentlich eine Ahnung davon, was ich hier mache, was auf mich zukommt?

Aber negative Gedanken sind an diesem Tag nicht in meinem Kopf, auch keine Angst und keine Zweifel. Ich bin hoch motiviert, ich habe Kraft, bin bereit und will, dass es jetzt endlich losgeht.

Natürlich will ich auch endlich alle Kritiker verstummen lassen und mir selbst und allen anderen zeigen, wozu menschlicher Körper und Geist zu leisten im Stande sind. – Das sind zu diesem Zeitpunkt meine Gedanken.

Mein Startpunkt ist der Stadtkern von Wilhelmshaven und ich beginne diesen Lauf, als müsste und könnte ich die komplette Distanz an diesem einen Tag absolvieren.

Bereits nach 300 Metern meines Weges stoße ich auf Hagebutten und Brombeeren. Da nicht absehbar ist, auf welche und wie viel Nahrung ich noch stoßen werde und was meinen Wegesrand so kreuzen wird, entscheide ich mich trotz der erst wenig absolvierten Meter alles aufzunehmen, was mein Bauch fasst und darüber hinaus schon kleine Reserven mitzunehmen.

Ich fülle mir also kleine Tütchen, die ich eigens für diese Gelegenheit eingepackt habe. Bereits nach weiteren drei Stunden weiß ich, dass Brombeeren nicht in einer Plastiktüte in der Jackentasche verstaut werden sollten, da sich diese in eine schwarze, klebrig breiige, unappetitliche Masse verwandeln. Aber wie sich bald herausstellen sollte, ist das eines meiner kleineren Probleme. Ich weiß ja was drin ist und das Aussehen der Nahrung sollte bei einem solchen Projekt wirklich an der letzten Stelle stehen.

Gegessen wird, was zu finden ist!

Die Sonne genießen, ab und zu mal ein paar Beeren essen, die asphaltierte Straße entlang laufen – ja, so kann es weitergehen. In diesem Moment denke ich noch: „Den Lauf habe ich mir schwerer vorgestellt". – Diesen Gedanken werde ich schnell verwerfen. Auf den ersten Kilometern geht mir vieles durch den Kopf. Vor allem folgende Rechnung lässt mir keine Ruhe: „Wenn ich heute, wie geplant, 60 Kilometer schaffe, muss ich morgen dafür ‚nur' 55 Kilometer laufen, und dann sind es 16 Tage und noch 830 Kilometer.

Ahhhhhh, sei ruhig!" Das ganze Überlegen und Grübeln macht mich fertig. Ich rechne trotzdem weiter: „Wenn ich heute mehr als einen ganzen Marathon laufe, muss ich auf diesen absolvierten noch einmal 15 Kilometer draufpacken, um meine Tages-kilometer zu schaffen und das muss ich mindestens 13 mal am Stück machen. Und wenn ich den Tag heute über-standen habe, sind es insgesamt trotzdem noch mehr als 800 Kilometer, die es zu bewältigen gilt". Derartige Rechnungen und ein wahres Zahlen-wirrwarr drängen sich immer und immer wieder in meinen Kopf, begleiten mich und machen mich völlig verrückt. Für mein angestrebtes Ziel sind diese Rechnungen eher kontraproduktiv. Sich mit diesen Gedanken nicht selbst zu schwächen und selbst zu zermürben, wird sich noch als entscheidender Faktor während des Laufes herausstellen.

Ich bin nun bei Kilometer 15 angekommen und habe so langsam das Gefühl, in Tritt gekommen zu sein. Mit 6 Kilometern pro Stunde laufe ich ein sehr gutes Tempo. Ich merke deutlich, dass ich lange auf diesen Tag gewartet habe und demnach noch immer hoch motiviert bin. So reiße ich die ersten 30 Kilometer ohne eine Pause runter. Das bedeutet, immerhin 5 Stunden am Stück zügig mit Gepäck gehen. Das ist schon ein kleineres Sportprojekt an sich. Erst jetzt gönne ich mir eine Pause, um wieder Energie zu sammeln. Als dann der Rucksack den Rücken verlässt, merke ich, welche Last ich mit mir herumtrage.

Beim Aufsetzen am Start, wenn der Körper noch voller Kraft ist und der Geist noch frisch, fällt die Last zunächst gar nicht so sehr auf.

Hoffentlich habe ich nicht zu viele Sachen mitgenommen, geht es mir durch den Kopf. Nach kurzer Erholung geht es auch gleich weiter. Ich möchte diese positive Stimmung am heutigen Tag nutzen, um meine

Tageskilometer gut zu absolvieren. Es wäre auch tödlich, gleich an Tag 1 meinen Kilometern hinterherzulaufen.

Ich merke zunehmend, dieses ständige Grübeln bremst mich in meinem Vorankommen. Es ist nicht motivierend, ständig darüber nachzudenken, wie viele Kilometer heute noch zu laufen sind, oder den Gedanken zuzulassen, dass doch eigentlich bereits jetzt der Fuß weh tut. Dann könnte ich auch gleich den Rucksack dort vorne abstellen und dieses Projekt zu den Akten legen.

Leider habe ich sehr viel Zeit mit diesem ständigen Nachdenken verbracht und heute ist mir klar, dass jede Minute eine Minute zu viel war. Es war ein richtiger Kampf im Kopf, den ich da ausfocht.

Das verbrennt sehr viel Energie, die eigentlich für die Bewältigung der zentralen Aufgabe, nämlich dem Erreichen des wesentlichen Ziels, gebraucht wird. Und doch ist es auch oftmals im täglichen Leben so. Wie oft denkst du darüber nach, ob ein Projekt Erfolg haben kann, ob du selbst gut genug dafür bist und was nicht alles danebengehen könnte?

Aufgrund meiner Erfahrungen kann ich sagen, der Trick dabei ist, seine Betrachtungsweise auf bestimmte Aufgaben und Projekte zu ändern. Seine Energie nicht darauf zu verschwenden, Probleme zu suchen, sondern Lösungen zu finden. Das ist wirklich eine Kunst, die man erlernen muss und kann. Es erfordert Mut für eine und Überzeugung von einer Sache und sich dafür nicht von Kritikern und Zweiflern aus dem Gleichgewicht bringen zu lassen.

KAPITEL 4 -

GROßE SELBSTZWEIFEL UND KLEINE ETAPPENZIELE

Über den Umgang mit Selbstzweifeln und kleinen

Erfolgen

Faktor mentaler Stärke: Selbstvertrauen und

Durchsetzungsstärke

Ich hätte zu dem Thema „Selbstzweifel" auch ein eigenes Buch verfassen können. Ich selbst muss gestehen, das große Glück zu haben, nie besonders starke Probleme mit dieser Thematik zu bekommen. Dennoch war und ist es immer wieder ein großer Teil meiner Arbeit, wenn ich als Trainer unterwegs bin. Ich kenne unzählige Sportler, die in vielen Belangen wesentlich besser sind als ich. Wohl jeder von Ihnen könnte diesen Lauf machen. Sie machen ihn nicht, weil sie es nicht können, sondern weil sie nie daran geglaubt haben, es zu können. Noch vor dem ersten Schritt wären sie wohl gescheitert und vielleicht hätte so manch einer gar nicht erst daran gedacht, den ersten Schritt zu machen.

Schon vorab hätten Sie sich unzählige Gründe ausgemalt, warum das eine völlig verrückte Idee und warum das gar nicht machbar ist. Im Kopf wurde der komplette Lauf durchgespielt und sie wären gescheitert, ohne je ihre Sportsachen angehabt zu haben. Aber hätte es nie ein Mensch einfach versucht, wären wir nie auf dem Mond gelandet, hätten nie die höchsten Berge bezwungen und hätten keine erfolgreichen Geschäftsleute.

Am Anfang stehen immer die Idee und der Glaube daran, diese Idee Wirklichkeit werden zu lassen. Ich habe mal in den Biographien einiger bekannter Persönlichkeiten auf eine bestimmte Sache geachtet. Nämlich auf jene, wie viele von diesen erfolgreichen Personen zum Anfang Ihrer Idee von Ihrem Umfeld für verrückt erklärt wurden. Fast ohne Ausnahme war dies bei jeder Biographie der Fall.

Um erfolgreich zu sein, musst du einen anderen Blick haben. Wenn nicht du mit voller Überzeugung hinter dir selbst oder deinem Projekt stehst, kann es auch niemand sonst, und ich bezweifle, ob du so über deine eigenen Grenzen gehen kannst.

Natürlich kann es auch sein, dass bereits unzählige Versuche voller Überzeugung erfolgt, aber gescheitert sind. Solche schlechten Erfahrungen und Misserfolge brennen sich schnell in unser Gehirn ein. Irgendwann bremsen uns diese Gedanken dann so sehr, dass ein Erfolg gar nicht mehr möglich ist, weil die Zweifel und Erinnerungen sich immer wieder den Weg in unser Gedächtnis suchen. In dem Moment zerstören die Selbstzweifel unser Selbst-vertrauen, verhindern Erfolg und nehmen uns jegliche Kreativität. Wir trauen uns dann einfach nicht und zögern. In den meisten Situationen ist es aber gerade erforderlich, nicht zu zögern, sondern mit aller Entschlossenheit zu handeln und Vertrauen zu haben. In diesem Moment des Zögerns erfolgt der Abruf unseres eigentlichen Leistungsvermögens nur zu höchstens 70 Prozent. Die fehlenden 30 Prozent tragen dazu bei, dass wir scheitern. Der Glaube an uns selbst und das Vertrauen in unsere Fähigkeiten ist eben ein wesentlicher Bestandteil von Erfolg.

Gedanken entstehen einzig und allein im Kopf und somit sind sie trainierbar. Du allein entscheidest, welche Gedanken Platz in deinem Kopf finden. Es wird immer und überall Faktoren geben, die Einfluss nehmen, aber der entscheidende Faktor bist allein du. Du kannst entscheiden, wie viel Raum du jedem einzelnen Gedanken gibst.

Diese Einflussnahme kann man auch in einigen sportlichen Ereignissen erkennen. Warum gibt es einen spektakulären

Einmarsch beim Boxen, mit Lasershow, Musik und großer Kulisse? Warum werden im Sport leider oftmals Gemeinheiten untereinander ausgetauscht, oder warum verziehen die meisten Sportler keine Mine, wenn sie ihrem Kontrahenten gegenüberstehen? Es ist zum einen die absolute Konzentration auf das eigentliche Geschehen, aber zum anderen eine Einflussnahme. Es ist die Einflussnahme auf das eigene Selbstbewusstsein, die eigene Stärke und auch Einflussnahme auf das Selbst-bewusstsein meines Kontrahenten.

Ein Kämpfer, der durchtrainiert, begleitet von aggressiver Musik, und mit grimmiger Miene in den Ring einmarschiert und auf mich zukommt, wird damit wesentlich mehr Einfluss auf meine Selbstzweifel beziehungsweise mein Selbstbewusstsein haben als ein Kämpfer, der im gepunkteten Kleid, zur Musik von Biene Maja, einläuft. Es ist Show, und nun entscheidest du, ob du diese Einflussnahme zulassen willst oder nicht. Du entscheidest, ob du in diesem Moment den Gedanken hast, den Ring zu verlassen, oder ob du einfach schaust, was wirklich dahintersteckt, wenn du dich auf deine eigene Kraft und deine Fähigkeiten verlässt. Gleiches gilt im übertragenen Sinne für den neuen Kollegen im Hugo-Boss-Anzug. Du kannst ihm einfach die Bühne überlassen, weil er sich vermeintlich besser verkauft als du dich in Jeans und Hemd. Aber ganz sicher wirst du schauen, was hinter der Fassade steckt. Warum sollte ein Mann im Boss-Anzug fachlich mehr auf dem Kasten haben als du? Du allein entscheidest, wie du bestimmte Dinge siehst und wie du sie angehen willst. Neben der Einflussnahme auf andere, kann ich mithilfe der vorab beschriebenen Mittel aber nicht nur den Kontrahenten beeinflussen, sondern auch mich selbst.

Scheitern ist in unserer Kultur natürlich sehr negativ belegt. Wer nichts wagt, kann nicht scheitern, das ist klar. Aus Angst vor diesem Scheitern, werden viele Projekte erst gar nicht angestoßen. Das gilt sowohl für ein Unternehmen, welches sich überlegt, ein neues Produkt einzuführen, als auch für den in sicherer Position Angestellten, der darüber nachdenkt, sich selbstständig zu machen.

Jeder kann scheitern. Wir sollten unsere Sichtweise dahingehend ändern, zu erkennen, dass der Gescheiterte eigentlich ein Held ist, denn er hat etwas gewagt, wozu es Mut, Überzeugung und Kraft gebraucht hat. In jedem Scheitern liegt auch ein Erfolg, den jene, die nicht gescheitert sind, weil sie nichts gewagt haben, nie erreichen werden: Der Gescheiterte hat Erfahrungen gemacht, er hat gelernt, er ist gewachsen. Wenn man sich das immer wieder bewusst macht und verinnerlicht, erkennt man, dass die Angst vor dem Scheitern eigentlich nur eine kleine Hürde zum Erfolg ist, die man leicht nehmen kann.

Glaubt mir, ich hätte bereits vorab unzählige Seiten darüber verfassen können, warum ich es nicht schaffen werde. Aber was hatte ich zu verlieren? Nichts! Und vor allem war ich der festen Überzeugung, dass ich es schaffen werde. Nichts würde mich aufhalten. Und natürlich wollte ich mir selbst beweisen, was der Wille des   Menschen im Stande ist, zu leisten. Ich habe aus diesem Wissen heraus viel auf meinen Alltag übertragen können.

Ich versuche einfach mehr und gebe der Angst, zu scheitern oder etwas nicht zu schaffen, nicht so viel Raum. Und außerdem: Woraus soll ich lernen, wenn nicht aus Misserfolgen? Stellt euch selbst einmal diese Frage. Und wenn ihr nun versucht, einfach mehr Dinge zu probieren, werdet ihr merken, wie viele Dinge plötzlich doch oder zumindest beim 2. oder 3. Versuch funktionieren. Wenn ihr es nicht mindestens einmal versucht, seid ihr schon gescheitert. Schließlich besteht das ganze Leben aus

Versuchen, Erfolgen und Misserfolgen. Ein ganz normaler Vorgang, aus dem der Mensch lernt.

Doch zurück zum Lauf: Für mich heißt es jetzt, die nächsten Kilometer zu absolvieren, also Kopf aus und einfach der weißen Linie auf dem Asphalt folgen. Und Gott, ich kann euch sagen, diese weiße Linie ist sehr, sehr lang. An manchen Abschnitten verschwimmt die Linie schon leicht, weil die glühende Sonne ohne Erbarmen brennt oder weil der starre Blick auf den Boden nach 5 Stunden auch erste Aussetzer aufweist. Auf dieser langen Strecke muss ich mich bei Laune halten. Ich schaffe das, indem ich mir selbst kleine Ziele setze und so meine eigenen Erfolgs-erlebnisse produziere.

Das Setzen kleiner Etappenziele ist meiner Erfahrung nach unglaublich wichtig. Gerade bei dieser sportlichen Herausforderung, welche über solch eine lange Distanz geht, bei der das eigentliches Endziel 15 Tage entfernt liegt und die ich allein mit mir und meinen Gedanken bewältigen muss, ist es wichtig, dass ich mir selbst meine Erfolgserlebnisse schaffe. Glaubt mir, man geht sonst ein bei dieser Dauerbelastung. Zudem schafft dies immer wieder eine Stärkung des Selbstbewusstseins. Ihr könnt stolz sein auf euch – und das jeden Abend und jeden Kilometer aufs Neue. Natürlich kann man jetzt sagen, dass es noch immer 800 Kilometer sind, oder dass 1 geschaffter Tag nichts ist, aber hier kommt wieder der Blick auf das oft beschriebene Glas zum Tragen. Ist es halb voll oder halb leer? Soll doch erst einmal jemand 1 Tag durchhalten oder 2 oder 3. Dann hat er nicht versagt, sondern hat etwas geschafft. Wenn man mit dieser Einstellung arbeitet, gibt es auch keine Gründe mehr, Angst vor dem Versagen zu haben.

Mein Ziel ist die Zugspitze. Dieses Ziel muss ich, weil komplex, in kleinere Etappen aufteilen und dabei   immer wieder überprüfen, welche Fortschritte ich gemacht habe, ob und wie ich meine Strategie anpassen muss. Ich wusste bei diesem Projekt ungefähr auf welchen Zeitraum ich mich einstellen muss. Mit einer normalen Geschwindigkeit von 5 Kilometern pro Stunde konnte ich mir sehr gut errechnen, was am Tag in etwa möglich ist und dass ich zirka 15 Tage für meinen Lauf benötigen werde.

Etwas mehr als 2 Wochen können aber eine unglaublich lange Zeit sein, und es gibt viele Projekte bei denen nicht einmal ganz klar ist, wie lange benötigt wird, um das jeweilige Ziel zu erreichen. Oft gibt es eben auch Projekte, die sich nicht ganz einfach in kleine zeitliche Etappenziele unterteilen lassen. Spontan fällt mir hier der Forschungsbereich ein. Woher soll ich zu Beginn eines neuen Projektes wissen, wie lange ich brauche oder wie weit ich in einem Monat sein werde. Gerade auch im Berufsleben kann dies manchmal ein Jahr, eine Woche oder auch nur ein Tag sein.

Die Motivation, mit der wir vielleicht am Anfang des Jahres gestartet sind, kann dann schnell verfliegen. Paradebeispiel hier ist die Anmeldung im Fitnessstudio, wenn das neue Jahr beginnt. Keine 5 Monate sind vergangen und die Abmeldung folgt. Doch auch bei diesen beiden Beispielen kann ich mir selbst kleine Teilerfolge suchen. Im Forschungsbereich kann ich mir vornehmen, täglich 3 Stunden der Forschung zu widmen. Im Fitnessstudio ist mein Etappenziel, dass ich es schaffe, jede Woche 1 Mal hinzugehen, um nach zwei Monaten 20 Liegestütz zu schaffen. Ziele sind wichtig. Geht nicht einfach nur ins Fitnessstudio, sondern geht mit einem ganz konkreten und messbaren Ziel hin. Auch unabhängig von gesetzten Zielen, muss ich in der Lage sein, Fortschritte, die vielleicht auch ganz plötzlich und unvorbereitet kommen, bewusst aufzunehmen und für mich persönlich zu feiern. Oft genug sind sich viele Menschen gar nicht im Klaren darüber, dass sie etwas geleistet haben, weil sie eben nicht darauf achten oder gar nicht in der Lage sind, diese Erfolge zu realisieren. Wie oft muss ich Sportler und auch Führungskräfte direkt darauf stoßen, dass sie etwas geleistet haben.

Wie oft muss ich sagen: "Hey, du hast da eben 3 Klimmzüge gemacht, vor einem Monat war es noch ein halber". Als Antwort bekomme ich dann zu hören: "Wow, du hast Recht – cool". Warum muss ich so etwas sagen? Warum muss ich Führungskräften sagen, dass sie die Verkaufszahlen für ein bestimmtes Produkt gesteigert haben? Eben weil sie nicht in der Lage sind, sich solche Erfolge bewusst und greifbar zu machen.

Das ist der absolute Tod, will man mental erfolgreich sein und über seine Grenzen gehen. Übt das für euch selbst! Sucht euch jeden Tag aufs Neue eine Handlung, eine Tat, einen Erfolg, auf den ihr stolz seid. Und wenn Ihr das ganz bewusst macht, werdet ihr erst einmal merken, was ihr tagtäglich alles leistet und wie viele Erfolge ihr täglich feiern könnt. Und keine Sorge, es ist durchaus erlaubt, auf bestimmte Dinge stolz zu sein. Es ist bei größeren Projekten daher wichtig, sich Zwischenziele zu stecken und auch noch so kleine Erfolge zu feiern und bewusst aufzunehmen. So sind immer Erfolgserlebnisse garantiert. Jeder Ort wird zu einem kleinen Zieleinlauf. So geht es immer Stück für Stück von Ort zu Ort. Zudem erhalte ich mit dieser Methode der Zwischenziele – neben der Aufrechterhaltung meiner Motivation – auch die Möglichkeit, mich selbst zu kontrollieren, zu schauen, ob ich auf einem guten Weg bin, mein Gesamtziel zu erreichen.

Anfangs schien mir die angestrebte Strecke unmöglich und nicht zu bewältigen. Ich habe sie daher in so kleine Stücke zerlegt, dass täglich fast 100 kleine Aufgaben entstanden, die ich auch schaffen konnte. Manchmal war es eine Aufgabe, nur die 50 Meter entfernte Bushaltestelle zu erreichen. Das klingt jetzt vielleicht lächerlich, aber es gab Tage, da war das wirklich so. Tage, an denen ich einfach am Ende war. Ich konnte nicht mehr, ich wollte nicht mehr, es ging nicht mehr. Aber ich habe mir immer wieder gesagt: "Dort vorne ist die Haltestelle, die schaffe ich noch. Wenigstens diese blöde Haltestelle noch". Ihr hättet mich für dieses Ziel ausgelacht, da die Haltestelle eigentlich so nah war. Aber ohne sie hätte ich mich auf der Stelle hingesetzt und wäre an diesem Tag keinen Schritt mehr gegangen. Es war für mich das Größte, dann dort zu sitzen, sie erreicht zu haben. Es war nur ein klitzekleiner Teil meiner Gesamtaufgabe, aber ein riesiger Schritt für meine mentale Stärke. Ich habe dort gesessen und mich einfach nur gefreut. Nach etwas Ruhe, Wasser und einem Apfel sah alles wieder ganz anders aus und es ging weiter Richtung Gesamtziel.

Dieses Beispiel soll zeigen, wie wichtig es ist, sich einerseits seine Fähigkeiten bewusst zu machen und andererseits auch auf diese zu vertrauen. Ich wusste von Anfang an, dass dieses Projekt kein Zuckerschlecken wird, aber ich habe mich bestmöglich vorbereitet und trainiert. Ich wusste auch, dass ich mit Problemen rechnen muss, ich wusste nur noch nicht, welche das genau sein werden. Aber ich war darauf eingestellt und nicht überrascht, dass sie auf mich zukamen. Ich habe diese Probleme als Herausforderungen angenommen, die ich meistern konnte.

Ein anderes Mittel, mich während dieses Laufes bei Laune zu halten, war Musik. Da wissenschaftlich erwiesen ist, dass Musik einen positiven Einfluss auf die sportliche

Leistungsfähigkeit hat, machte ich mir diesen Faktor zunutze. Ich hörte zwei Lieder, immer und immer wieder: "ANOTHER LOVE" von Tom Odell und "ENGLISHMAN IN NEW YORK" von Sting. Bei diesen beiden Songs bin ich hängen geblieben und weiß eigentlich nicht, warum. Sie berührten mich auf jeden Fall. Einerseits konnte ich am Rhythmus gut erkennen, ob ich zu schnell oder zu langsam unterwegs war. Andererseits brauchte ich hin und wieder ein bisschen Aufheiterung.

Wenn es mir mental nicht so gut ging, ich einsam war, an zuhause dachte oder einfach nur sauer war, weil es regnete, zu kalt oder zu warm war, oder mir irgendetwas wehtat, unterstützte mich das Hören dieser Lieder sehr dabei, meine Gedanken nicht an den, in diesen Momenten schwierigen Situationen festzunageln.

Meine Gedanken flogen dann wie von selbst in alle möglichen Richtungen und für die Zeit des Musikhörens waren Schmerzen, Einsamkeit und Ärger vergessen. Das waren immer sehr emotionale Momente für mich, weil ich einerseits Traurigkeit aber andererseits auch Glück empfand. Diese Songs werden für mich immer in Verbindung mit meinem Lauf stehen. Es reichen bereits die ersten Takte und meine Beine bewegen sich. Leider ist das Musikhören ein eher seltener Luxus, denn ich muss mit meinem Akku haushalten.

Heute habe ich nun bereits einen Marathon absolviert und muss mir ab jetzt wirklich jeden Kilometer hart erarbeiten. Diese letzten Kilometer ziehen sich wie ein Kaugummi. Kilometer für Kilometer und nun bricht auch schon so langsam die Nacht an. Ich muss mich beeilen, schließlich will ich nicht gleich bei meiner ersten Ankunft irgendwo in irgendeiner Ecke schlafen.

In Oldenburg angekommen, ist es bereits dunkel und ich irre umher auf der Suche nach einem Schlafplatz. Ich habe vorher nicht geplant, wo genau ich übernachten werde, oder wie mein Lager aussehen soll. Ich wollte mich nicht abhängig von irgendwelchen Zielpunkten und Gegebenheiten machen. Ich schlafe dort, wo ich ankomme und nehme das, was ich finde. Heute ist das nun mal Oldenburg. Gar nicht so einfach, denn an einem potenziellen Schlafplatz sind zu viele Leute unterwegs, an einem anderen ist es zu hell, hier könnte mich ein Auto überfahren, dort ist es zu ungeschützt.

Gut, neben den Schienen zu liegen, war nun auch nicht gerade meine Vorstellung, aber es war okay und nach meiner Streichliste der einzig übriggebliebene Platz, der für mich infrage kam. So liege ich nun also dort, in einem kleinen Winkel, umrandet von einem Zaun und einer Hecke. Doch wenigstens bin ich geschützt vor neugierigen Blicken und Dieben. Zudem ist das Gras dort schön hoch, sodass ich meinen Schlafplatz nicht zu sehr umbauen muss, sondern mich direkt hinlegen kann.

Gibt es in Oldenburg kein Nachtfahrverbot? Es ist wirklich sehr laut und ich habe das Gefühl, die stündlich fahrenden Züge würden nicht neben, sondern durch mein Schlaflager fahren. Aber die Erschöpfung bringt es mit sich, dass ich trotzdem sehr gut schlafe. Es ist einfach nur schön, dort zu liegen und mich nicht bewegen zu müssen.

Mit dem Erwachen der Stadt Oldenburg hält mich zwischen 5 und 6 Uhr nichts mehr in meinem Lager. Die erste Zeit verbringe ich damit, aus Schuhen und Kleidung diese kleinen haarigen Klettbällchen auszupflücken. Die können schon ganz schön nervig sein. Aber daran soll es nicht scheitern. Ich will jetzt weiter. Auf den ersten Metern fühle ich mich nicht wirklich wohl. Mein Schritt ist nicht rund und ich habe das Gefühl, meine Einlegesohle sei verrutscht. Mein Schritt ist schwammig. Jetzt muss ich mir eine Sitzmöglichkeit suchen und nachsehen.

Mit dem Ausziehen der Socken kann ich es fast nicht glauben. Ich habe es geschafft, mir bereits am ersten Tag Blasen zu laufen und muss mich um dieses Problem kümmern. Das sieht überhaupt nicht gut aus. Die riesige Blase bedeckt die komplette Fußsohle. Und das nicht nur an einem Fuß, sondern gleich an beiden Füßen zu schaffen, ist schon eine Kunst. Da muss ich jetzt wohl durch. Zum Glück bin ich auf solche Komplikationen vorbereitet und habe mir entsprechende Pflaster eingepackt. Es gibt ja fast schon ganze Bücher und verschiedenste Methoden, mit solchen Blasen umzugehen.

Ich habe meine Blasen aufgeschnitten und die lose Haut abgetrennt. Übrig bleibt dann nur das blanke rote Fleisch. Es wirkt immer so unberührt und verletzlich, sodass ich schon beim Anblick keine Lust mehr habe, die Schuhe wieder anzuziehen und weiterzulaufen. Aber da muss ich jetzt wohl durch. Also Pflaster drauf und weiter geht's. Fertig verarztet geht es nun wieder auf die Strecke. Diese kleinen Wunden können so richtig schön wehtun. Wenn das rohe Fleisch hin und her scheuert und eventuell ein noch so kleiner Stein vom Pflaster mit eingeschlossen wird, ist das einfach nur ‚schön'. Aber deshalb aufgeben ist kein Thema und auch dies ist eine Frage der mentalen Einstellung. Ich habe mich beim Laufen voll und ganz auf meine Aufgabe konzentriert, das nächste Ziel zu erreichen. Ich will mich nicht auf den Schmerz fokussieren, ihm einfach keinen Raum geben.

KAPITEL 5 –

DER SCHMERZ KOMMT ...

UND GEHT WIEDER

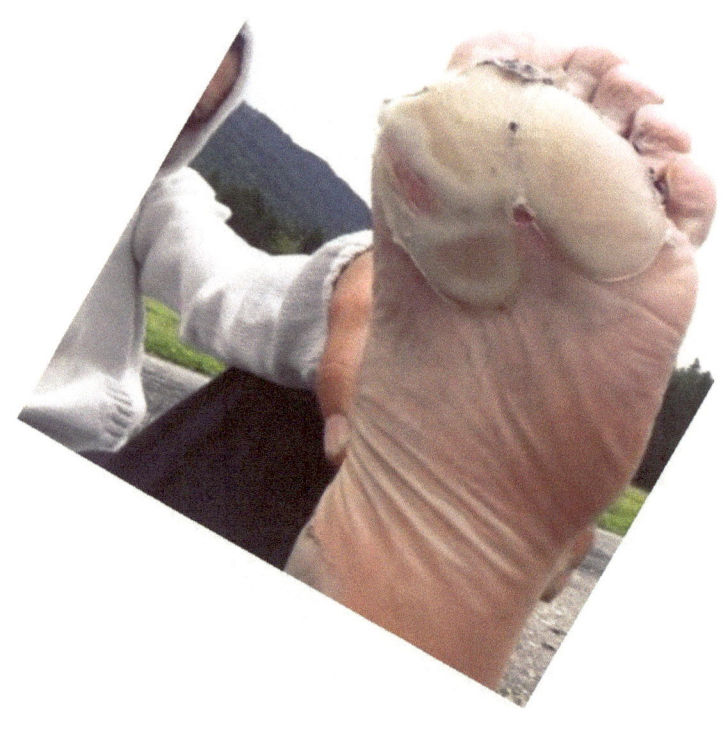

Über den Effekt, sich Schmerzen einzureden beziehungsweise dem Schmerz mehr Platz zu geben als er wirklich benötigt

Faktor mentale Stärke: Aufmerksamkeitssteuerung und Fokussierung

Die zweite Tagesetappe

Den Effekt, sich Schmerzen einzureden beziehungsweise dem Schmerz mehr Raum zu geben, als er tatsächlich benötigt, gibt es wirklich. In einer Untersuchung haben Schweizer Wissenschaftler um den Pharmazeuten Gerd Folkers vom Collegium Helveticum der Eidgenössischen Technischen Hochschule Zürich herausgefunden, dass Menschen, die sich stark fühlen, Schmerzen besser ertragen beziehungsweise aushalten können. Nach dem Motto: „ein Indianer kennt keinen Schmerz", ließen die Forscher ihre Testpersonen innerhalb kurzer Zeit in zwei unterschiedliche Rollen schlüpfen. Ihnen wurden nach Art eines Fantasy-Rollenspiels Geschichten vorgegeben.

In einer Variante sollten sie sich in die Rolle eines Helden versetzen, der verschiedene Herausforderungen meistern musste, um eine Prinzessin zu retten. Das war jedoch nur möglich, wenn der Held, immer stärker werdenden Hitzereizen standhielt. Dafür wurde den Probanden eine kleine Heizplatte an den Unterarm gehalten.

In der zweiten Version, sollten die Testpersonen sich in die Rolle eines verhätschelten Prinzen oder einer Prinzessin hineindenken. In der Geschichte wurden sie zum passiven Opfer; in ein Labyrinth gesperrt, schikaniert und am Ende mit Hitzereizen bestraft.

Mit diesen Experimenten sollte herausgefunden werden, ob Menschen in Abhängigkeit von ihrem Selbstbild und den damit verbunden Emotionen, mehr oder weniger Schmerzen aushalten können. Das Ergebnis war eindeutig: In der Heldenrolle wurden schmerzhaftere Reize besser toleriert, wahrscheinlich weil der Schmerz hier als sinnvoll erlebt wurde. Außerdem wurde weniger gejammert. Der Schmerz wurde zwar intensiver, aber auch als weniger unangenehm wahrgenommen. Im Schnitt tolerierten die Testpersonen ein Grad Celsius mehr Hitze als ohne Rollenspiel. In der Opferrolle hingegen sank die Schmerztoleranz und schon geringe Hitzereize wurden als schmerzhaft empfunden. In dieser Rolle tolerierten die Probanden im Schnitt ein Grad Celsius weniger als ohne Rollenspiel.

Aufgrund dieser Ergebnisse vermuten die Wissenschaftler, dass sich die Schmerztoleranz insgesamt   steigern lässt. Wenn das Rollenbild eines Menschen, gleich einer starken Persönlichkeit ist, werden bestimmte Emotionen ausgelöst beziehungsweise verstärkt, was wiederum die Schmerzwahrnehmung beeinflusst. Gleiches gilt entsprechend im umgekehrten Fall für das Rollenbild einer schwachen Persönlichkeit.

Dieses Experiment zeigt, wie sich Informationen auf das Schmerzerleben auswirken können. Wir können gleichbleibenden Schmerz stärker oder schwächer wahrnehmen, und zwar nicht aufgrund genetisch unterschiedlicher Voraussetzungen, sondern in diesem Fall, auf rein mentaler Ebene. Die Wahrnehmung steuern wir über unseren Kopf. Somit können wir auch diesen Faktor trainieren und uns ganz gezielt auf derartige Probleme vorbereiten. Das ist heute meine eigentliche Aufgabe. Ich möchte mich nicht zu sehr vom Schmerz steuern lassen. Denn kräftemäßig geht es mir noch sehr gut. Anfangs dachte ich, ich könnte keine 100 Meter mit diesen riesigen Blasen laufen. Das brennt und schmerzt vielleicht, kann ich euch sagen. Doch ich habe versucht, mich selbst zu trainieren, wenn ich das so nennen darf. Immer wieder habe ich zu mir gesagt: "Jetzt jammere hier nicht rum, es ist Tag 2 und du hast eine Blase, mehr nicht". Wenn Körper und Kopf die ganze Zeit gegen einen Schmerz ankämpfen, ist es als würde man ein Workout machen. Es strengt an und ich schwitze am ganzen Körper.

Meine Freude ist daher sehr groß, als ich eine kleine Stelle zum Baden finde. Ich bin völlig durchgeschwitzt. Wunderschön, es ist ein tolles Gefühl, dieses kühle Nass zu erleben. Es belebt den Körper ungemein und bringt wieder neues Leben in die müden Beine. Das ständige Schwitzen, das Schlafen im Freien und in derselben Kleidung lässt auch so langsam eine salzige Kruste auf dem Körper entstehen, sodass die kühle Erfrischung auch in Bezug auf mein Sauberkeitsempfinden eine wahre Wohltat ist.

Jetzt geht es mir schon wesentlich besser und ich fühle mich wie kurz vor dem Start. Es bewirkt wahrlich Wunder, sich die Zeit für eine solche Abkühlung zu nehmen. Anfangs dachte ich, es werde schon überall ausreichend Möglichkeiten geben, um zu baden, zu schwimmen und sich abzuspülen. Aber dem war nicht wirklich so. Natürlich findet man im gesamten Gebiet Seen, Flüsse oder kleine Bäche. Mir war es aber sehr oft einfach zu weit entfernt. Sicher ist ein 2 Kilometer entfernter See nicht so weit weg, aber das sind hin und zurück auch schon wieder 4 Kilometer, was einem 40-Minuten-Lauf entspricht. Bei dem Ausblick auf eine solche Zusatzbelastung, entschied ich mich dann häufig doch einfach dazu, nicht zum See zu gehen.

Meine soeben noch umjubelte Energie hält nicht lang an und ich merke wie ich schnell zurück auf den Boden der Tatsachen geholt werde. Eine solche Abkühlung verschafft eben doch nur für einen begrenzten Zeitraum eine Verbesserung des Wohlbefindens.

Ich merke jetzt, dass dieser Tag noch sehr hart werden wird. Ein stechender Schmerz im Schienbein macht mir das Leben jetzt enorm schwer. Jeder der schon mal einen Krampf hatte, weiß wovon ich rede. Der Muskel macht einfach dicht und verweigert den Dienst. Ich würde mich am liebsten auf den Boden werfen und aufhören. Doch an Tag 2 aufhören? Never!!! Ich muss den Kopf abschalten und darf mich nicht zu sehr auf diesen Schmerz einlassen. Das ist natürlich leichter gesagt als getan, wenn etwas unglaublich weh tut: „Denke nicht an den Schmerz!". Das muss ich üben. Also versuche ich in dem Moment einfach an den nächsten Ort zu denken, mich darauf zu konzentrieren, und peile diesen an.

Die weiße Straßenmarkierung auf dem Boden ist dabei mein stetiger Begleiter. Immer wieder suche ich mir diese weißen Linien und richte meinen Blick auf sie. Es wirkt irgendwie beruhigend, und wenn ich es lange genug durchhalte, ist es wie ein Lauf in Trance. Es ist fast wie Schafe zählen zum Einschlafen. Auch das ist eine Frage des Trainings, gerade unter Schmerzen.

Ich hatte auf den 900 Kilometern genug Zeit zum Trainieren und bin auf meiner Tour darin immer besser geworden. Der Blick auf die Linie hat noch weitere Vorteile. Zunächst einmal komme ich nicht vom Weg ab. Des Weiteren sehe ich so nicht ständig die Ortsschilder, die mir sagen: noch 30 Kilometer, noch 10 Kilometer ... Das kann wirklich nervig sein. Natürlich ist es einerseits sehr aufbauend, zu sehen, dass das Ziel nur noch 5 Kilometer entfernt ist. Andererseits möchte ich aber gerade zu Beginn des Tages wirklich nicht wissen, dass es noch 58 Kilometer sind, bevor ich mich in meinem Schlaflager niederlassen kann. In einem kleinen Vorort meines heutigen Etappenziels angekommen, muss ich meine geliebte und zugleich gehasste Linie verlassen, als ich plötzlich auf Radfahrer treffe. Ich grüße die Gruppe freundlich und gehe meines Weges. Ich merke, dass mir die Gruppe folgt und plötzlich steht auch schon einer der Fahrer neben mir. Er fragt: "Entschuldigung, sind sie der aus der Zeitung"? Ich hätte nie gedacht, dass mich irgendwer auf meinem Weg erkennt, aber umso mehr freue ich mich darüber. Ich habe nun die Möglichkeit, mich endlich mal wieder zu unter-halten, und Abwechslung ist immer willkommen.

Langsam laufend, unterhalten wir uns eine ganze Weile und ich   berichte ihm über mein Vorhaben. Die Reaktion darauf ist eigentlich immer die gleiche: das Schütteln des Kopfes. Zugegeben, anfangs klingt es auch schon etwas verrückt. Wobei, wenn ich es recht bedenke, es klingt auch heute noch verrückt. Ein Hauch von Wahnsinn gehört eben auch dazu, um wirklich erfolgreich zu sein. Aber gerade bei Sportlern, ist neben dem Kopfschütteln auch immer ein gleichzeitiges Interesse vorhanden. Die Fragen sind immer ähnlich:

Wie lief die Vorbereitung ab?

Wie lange bist du am Tag gelaufen?

Was ist dein Resümee?

Wolltest du mal aufgeben?

Und viele weitere Fragen.

Im Nachhinein stelle ich fest, dass im Laufe dieses Gespräches meine Probleme mit dem Schienbein so gut wie verschwunden sind. Für mich ist das einmal mehr ein klarer Beweis dafür, welch entscheidender Faktor der Kopf im sportlichen und alltäglichen Bereich spielt. Durch die Gesprächsverwicklung war es mir gar nicht mehr möglich, an mein Schienbein und die damit verbundenen Probleme zu denken. Habe ich mich vorher noch vollkommen auf den Schmerz fokussiert und konzentriert, war es meinem Kopf und meinem Bein nun möglich, zu entspannen. Es war nun keine Spur mehr von den Schmerzen.

Das Thema Schmerz ist aber bitte mit Vorsicht zu genießen. Es soll hier nicht der Eindruck vermittelt werden, man könne sich jeden Schmerz einfach wegdenken. Schmerzen sind immer auch ein Warnsignal des Körpers. Man sollte darauf einen differenzierten Blick haben. Es gibt durchaus Unterschiede. Man denke nur an mein zuvor beschriebenes Experiment mit den Hitzequellen. Solche Arten von Schmerz kann ich bewusst steuern und mich durch mentales Training darauf vorbereiten. Erleide ich jedoch einen Bruch oder ernsthaftere Verletzungen, ist absolut davon abzuraten, sich mit irgendwelchen Aufputschmitteln, Schmerztabletten und einem guten Tape zum Sport zu quälen.

Dies ist dann keine Frage der mentalen Einstellung, sondern völliger Blödsinn. Und auch ein mentales Training hat seine Grenzen. Nur genau diese Grenzen wollen wir auch vollkommen ausschöpfen. Schmerzen sind und bleiben also immer ein Warnsignal, und als guter Sportler sollte man wissen, in welchem Rahmen diese steuerbar sind und ab wann der Körper die Ruhe braucht.

Durch das Verschwinden der Schmerzen in meinem Schienbein wusste ich aber, dass ich mein Bein wohl noch behalten würde und alles in Ordnung ist. Es kann also weitergehen. Bei abendlicher Dämmerung komme ich dann auch endlich in meinem Zielort Hagen an, bin völlig kaputt und falle einfach nur in mein Bett.

Ich habe mir jedes Mal vorgenommen, den Abend noch etwas zu nutzen. Ich wollte meine Sachen sortieren, mich waschen oder einfach nur die Muskeln etwas lockern und dehnen. Wie an diesem Abend, blieb es aber meist bei den guten Vorsätzen. Ich hatte einfach nicht mehr die Energie dazu, und so war es dann oftmals doch nur ein kleiner Snack, ein kurzes Beine einreiben und dann fielen mir auch schon die Augen zu. Häufig habe ich mir nicht einmal die Mühe gemacht, ein richtiges Schlaflager zu bauen, weil es zu viel Zeit und natürlich auch wertvolle Energie kostet. Mir war es in diesen Momenten wichtiger, zu schlafen und aufzutanken, um meinen Weg gestärkt fortsetzen zu können.

Ich habe mein Ziel jederzeit vor Augen und ich bin mir in diesem Moment bewusst, dass das Erlebnis heute nur ein Hindernis von vielen war, die ich überwinden muss. Mir ist klar, dass ich diese Schwierigkeiten meistern muss, wenn ich mein Ziel erreichen will. Außerdem habe ich verstanden, dass ich meine Aufmerksamkeit bewusst auf Dinge lenken kann, die mich mental stärken.

KAPITEL 6 –

KÖRPERLICHE GRENZE

Der Körper ist an seine Grenzen gekommen, der

Geist sucht nach Strategien, diese zu überwinden

Die Tagesetappen 3 bis 6

Auch an Tag 3 bin ich wieder sehr früh auf den Beinen. Ich bin motiviert und möchte jede Sekunde nutzen, um meine Strecke zu schaffen. Vielleicht finde ich unterwegs noch ein wenig Zeit zum Entspannen oder kann dafür abends früher die Füße hochlegen. Die ersten Schritte sind wieder einmal besonders beschwerlich.

Mir tut alles weh und ich muss mich erst an die Blasen und den damit verbundenen Schmerz gewöhnen. Hätte man mich auf den ersten 5 Kilometern beobachtet, hätte man vermutlich nicht den sportlich ambitionierten Läufer in mir gesehen, sondern mir wahrscheinlich eher einen Rollator gereicht.

Kurz nach dem morgendlichen Start ist es für mich jedes Mal unvorstellbar, dass ich an diesem Tag zwischen 50 bis 60 Kilometer laufen werde. Solche Dinge werden mir zum Teil erst heute bewusst. Nach 30 Minuten läuft es dann aber halbwegs rund. Ich bin jetzt wieder besser im Tritt und habe mit 5 Kilometern pro Stunde auch ein gutes Tempo, um mein Tagesziel von 57 Kilometern zu absolvieren. Bei dieser guten Stimmung soll es natürlich nicht bleiben. Bereits nach zirka 2 Stunden habe ich wieder dieses starke Stechen im Schienbein. Ich beiße die Zähne zusammen und versuche immer wieder, mir Meter für Meter zu erarbeiten.

Nach 3 Stunden ist dann aber Schluss, es geht nichts mehr. Ich schmeiße meinen Rucksack auf den Boden und sacke zusammen. Ich bin am Ende. Es geht nicht mehr. Mein Schienbein ist völlig verkrampft. Wenn ich Pech habe, war es das für heute. Ich reibe meine Beine ein und massiere alles einmal komplett durch.

Ich nehme ein paar Schlucke aus meiner Wasserflasche und ruhe mich ein wenig aus. Danach versuche ich, mich wieder aufzurichten und ein paar Meter zu gehen. Zum Glück geht es so halbwegs und ich schaffe die nächsten Kilometer, wenn auch nur sehr langsam. Doch meine Schmerzen lassen nicht nach und melden sich wieder zurück.

Ich habe wirklich Tränen in den Augen, weil mein Körper am Ende ist und keine Kraft hat, um gegen die Schmerzen anzukämpfen. Jede halbe Stunde muss ich mich jetzt setzen und erneut alles durch massieren. Anders geht es nicht. Ich stelle mir die Frage, ob ich die heutige Tagesetappe schaffe, ob es Sinn macht, wieder auf-zustehen und in diesem Zustand weiterzugehen. Ich komme nicht wirklich vorwärts, ich schleppe mich eigentlich nur von Meter zu Meter. Ich fasse den Entschluss, den heutigen Tag irgendwie durchzustehen und mir dann im abendlichen Lager Gedanken darüber zu machen, wie ich dieses Problem grundsätzlich angehen werde.

Da ich wieder und wieder pausiere, muss mir allerdings jetzt erst einmal etwas zur schnellen Abhilfe einfallen. In einer längeren Pause bandagiere ich mir deshalb beide Füße, inklusive Knöchel. Zusätzlich falte ich mein Reservepaar Socken und lege diese in den hinteren Teil meines Schuhs. Dadurch ist meine Körperhaltung etwas verändert und die Belastung wird hoffentlich anders verteilt. Ich empfinde das als wesentlich angenehmer beim Laufen.

Der schwere Rucksack sorgt dafür, dass ich eine leicht gekippte Körperhaltung nach vorne einnehme. Somit ist die Belastung für die Schienbeine wesentlich höher. Durch die Socken wirke ich dem etwas entgegen. Ich laufe so wie auf hochhackigen Schuhen und strecke damit meinen Spann. Mit diesen beiden Notlösungen schaffe ich wieder mehrere

Kilometer. Dennoch ist dieser Tag eine absolute Qual für mich. Ich bin komplett durchgeschwitzt, völlig am Ende und habe für nichts weiter auch nur einen einzigen Gedanken übrig. Ich nehme inzwischen nicht mehr viel wahr. Die gesamte Umwelt um mich herum, zieht einfach an mir vorbei. An diesem Tag gibt es nur mich, diesen Schmerz und mein Ziel, Lübbecke. Ich will unbedingt dort ankommen. Ich will nicht schon an Tag drei meinen Tageszielen nachhängen und dann in dem Wissen einschlafen, dass ich in den kommenden Tagen 20 bis 30 Kilometer ausgleichen muss.

Es ist heute wirklich ein brutaler Kampf und ich kann nicht in Worten beschreiben, was an diesem Tag in mir vorgeht. Ich habe mich im wahrsten Sinne des Wortes Meter für Meter meinem Ziel entgegen gequält. Alle 30 Minuten muss ich mich hinsetzen, um komplett die Bandagen abzunehmen, alles einzureiben, die Bandagen wieder anzulegen, die Beine zu dehnen, mich wieder aufzurichten und zu versuchen, die nächsten 30 Minuten zu laufen.

Der Tag kommt mir unendlich lang vor. Es ist bereits dunkel, aber mein Ziel – Lübbecke – werde ich heute erreichen. Das habe ich mir in den Kopf gesetzt und egal wie schlecht meine körperliche Verfassung auch sein mag, mein Geist ist noch stärker und trägt mich, bis ich schließlich gegen 20:30 Uhr in der Ferne das lang ersehnte Ortsschild sehe – Lübbecke.

Diesen Moment kann ich nicht beschreiben. In diesem Augenblick kommen mir wirklich die Tränen. Diesen Moment muss ich für mich selbst auf einem Foto festhalten. Ich sage zu mir selbst: "Steven, es ist scheißegal, was auf dieser Reise passieren wird, völlig egal ob ich jemals auf der Zugspitze ankomme. Was ich heute geschafft habe und wie oft ich mich heute selbst besiegt habe, damit ist bereits alles erreicht was ich erreichen wollte". Ich bin in diesem Augenblick unendlich stolz auf mich. Mir ist bewusst, dass dieser Tag wohl entscheidend für Erfolg und Misserfolg meiner gesamten Reise war. Heute hat sich entschieden, ob ich durchhalte oder das Handtuch werfe.

Ich hätte das Schild am liebsten umarmt und eingepackt. Aber im Schlafsack ist nur Platz für mich, also muss das Schild zurückgelassen werden. Ich kann heute nicht mehr und muss unbedingt etwas zum Schlafen finden. Das ist hier nicht so ganz einfach, da mich am Ortseingang ein Gewerbegebiet begrüßt, welches nicht wirklich ideal ist, um einen Schlafplatz zu suchen, aber ich habe keine Lust mehr, auch nur noch einen Schritt zu laufen. Wenn es die Autofahrer nicht stören würde, hätte ich direkt neben der Straße geschlafen.

Mein Blick fällt schließlich auf eine Ecke im Grünen, am Rande eines Zaunes. Zu allem Übel liegt dieser Punkt ausgerechnet neben einer Filiale einer großen Fastfood-Kette. Es ist vielleicht schwer vorstellbar, aber in diesem Moment hätte es dort gebratene Hähnchen geben können, es war mir sowas von vollkommen egal. Ich hatte ganz andere Sorgen und wollte einfach nur zwei Sachen: mich nicht mehr bewegen, einfach nur schlafen. Ich habe mich jeden Abend – und so auch heute – dazu gezwungen, mich kurz zu lockern und einzureiben, da ich sonst am nächsten Morgen wohl nicht mal mehr in der Lage gewesen wäre, mich aus meinen Schlafsack zu befreien, geschweige denn, diesen einzurollen.

Die Nacht war super und eines ist mir ist heute Morgen klar. Mit meinem Gepäck werde ich nicht bis ans Ziel kommen. Ich muss mir also etwas einfallen lassen, um diese Last für mich erträglicher zu machen. Anfangs habe ich das Gewicht nicht so extrem wahrgenommen, aber Tag für Tag wird jedes Gramm spürbarer. Ich entscheide mich daher, meinen gesamten Rucksackinhalt auf dem Boden zu verteilen, um noch einmal genau zu überlegen, was ich wirklich brauche und worauf ich verzichten kann. Ich habe mich bereits vor Beginn meines Laufes beim Packen des Rucksacks intensiv damit beschäftigt und natürlich auch über das Gewichtsproblem lange nachgedacht. Entsprechend war ich der Meinung, nur Dinge eingepackt zu haben, die ich wirklich brauche. Die Praxis zwingt mich jedoch dazu, meine theoretischen Vorstellungen in diesem Punkt zu überdenken. Heute ist bereits der vierte Tag, daher kann ich viel besser einschätzen, was ich wirklich benötige. Das Sortieren erweist sich dennoch als gar nicht so einfach.

In einer solchen Situation ist man nicht unbedingt gewillt, auf vieles zu verzichten. Aber mir ist klar, dass ich keine Sachen umhertragen kann, nur weil es eventuell mal sein könnte, dass ich diese benötige. Also raus mit dem ganzen Zeug. Unglaublich, aber fast der halbe Inhalt muss zurückbleiben. Es gibt zu diesem Zeitpunkt nur zwei Möglichkeiten für mich. Ich habe die Wahl, mit dem Gepäck noch 2 Tage durchzuhalten und dann das ganze Projekt zu beenden, oder mit den minimalsten Mitteln mein Ziel zu erreichen.

Nachdem ich das Gewicht meines Rucksacks wesentlich reduziert hatte, standen die Chancen für einen Erfolg jetzt schon wieder wesentlich besser als noch vor wenigen Minuten.

Es ist erstaunlich, was Aussortieren des Rucksack-Inhalts noch einmal für Energie freigelegt hat. Die Reduzierung des Gewichts war deutlich zu spüren, und so gingen die ersten Meter wie von selbst. Ich kann wesentlich entspannter laufen und so auch meine Körperhaltung verbessern, was sich wiederum positiv auf mein Problem mit den Schienbeinen auswirkt. Es fühlt sich an wie am ersten Tag. Ein tolles Gefühl, einen Großteil der Last vom Rücken zu haben. Zumindest kurzfristig. Denn ab Kilometer 10 bereiten mir die Schienbeine erneut große Schmerzen. Es geht mir wirklich auf die Nerven und macht mich auch wütend.

Jedes Mal, wenn ich denke, dieses Problem gemeistert zu haben, geht es wieder von vorne los, oder aber ein anderes Problem taucht auf. Ich sehe auch hier wieder Parallelen zum beruflichen Alltag und zum privaten Leben. In beruflichen Projekten besteht die Arbeit nicht selten darin, Probleme zu lösen. Ist ein Problem gemeistert, steht häufig schon die nächste Aufgabe vor der Tür. Den Gedanken, alles wäre perfekt, wenn dieses Problem gemeistert oder jene Arbeit vollendet ist, kann man eigentlich getrost vergessen. Alles, was wir tun, ist irgendwie und jederzeit im Fluss und verändert sich ständig. Die Kunst besteht darin, sich den jeweils ändernden Umständen und Bedingungen zu stellen, also in diesem Sinn kreative Lösungen zu finden, und sich darüber bewusst zu sein, dass es keinen Stillstand gibt, solange wir auf dieser Welt sind.

Das ist für jeden von uns ein Lernprozess und mir wird dies heute wieder einmal schmerzlich vor Augen geführt. Ich war der Meinung, durch das Halbieren meines Gepäcks, könne ich auch die Schmerzen in meinem Bein zumindest halbieren. Dem ist jedoch nicht so. Immer wieder plagt mich dieser stechende Schmerz, immer wieder werde ich zu einer kurzen Unterbrechung mit Einreibung und wiederholtem Anlegen der Bandage gezwungen. Immer wieder das gleiche Spiel.

Es mag vielleicht nicht so schlimm klingen, schließlich bin ich immer wieder weitergegangen. Aber dieses stetige Ankämpfen gegen den Schmerz, der Kampf gegen das Aufgeben wollen, allein das ist wirklich schweißtreibend. Dieser Kampf hat mich gefühlt so viel Energie gekostet, als hätte ich drei Stunden Sport getrieben. Zudem machte mir ein weiterer Punkt Sorgen. Abgesehen von den Schmerzen, sehen meine Fußgelenke und Schienbeine nicht wirklich gesund aus. Es ist alles deutlich rot gefärbt und angeschwollen. Das beunruhigt mich wirklich. Ich bin kein Arzt und kann dazu keine fachliche Einschätzung geben, aber meiner Erfahrung nach, sollte ich es im Auge behalten und schauen, dass sich die Gelenke nicht entzünden und die Schwellung zunimmt. Zu meinen gewöhnlichen Einreibungen kommt nun auch noch ausgiebiges Kühlen hinzu. Ich hoffe so, wieder Herr der Lage zu werden.

Bei allen Sorgen und Problemen, gibt es an diesem Tag eine Aufmunterung: Ich bekomme heute Besuch von meinem Opa. Er ist extra aus Berlin angereist, begleitet mich und läuft mit mir gemeinsam über die zweite Tageshälfte. Wobei das eigentlich gelogen ist; so gesehen hat er mich an diesem Tag gezogen und nicht begleitet.

Er hat das Tempo gemacht. Ich denke, er hat mir angesehen, dass ich fertig bin. Ich merke nun auch deutlich, wie viel langsamer ich schon im Vergleich zu Tag 1 bin. Es ist sehr angenehm, wenn nach den ersten Tagen ohne Begleitung mal jemand neben mir ist. Wir sprechen nicht einmal sonderlich viel miteinander, da jeder mit sich selbst beschäftigt und auf seinen Lauf konzentriert ist. Schließlich läuft auch nicht jeder mal eben einfach so 25 Kilometer. Aber allein die Anwesenheit eines weiteren Läufers motiviert schon wieder und jeder zieht den anderen etwas. Leider ist mein Opa heute, bei Fertigstellung des Buches, nicht mehr bei uns. Opa, dieses Buch ist auch für dich.

Die Belastung der letzten Tage, mit dem viel zu schweren Rucksack, steckt in meinen Beinen, das merke ich deutlich, meine Schritte sind sehr klein und völlig verkrampft. Es lenkt ein wenig ab, dass mein Opa dabei ist und ich nun mal keiner weißen Linie folge, sondern einem beweglichen Ziel. Dennoch bahnen sich Schmerz und Körper immer wieder einen Weg in meinen Kopf. Ich weiß nicht wie, aber auch dieser Tag geht irgendwie vorbei.

Es war auch heute ein wertvolles Hilfsmittel, mir immer wieder kleine Zwischenziele zu setzen und mich an die Hacken meines Opas zu heften. Er hatte mich an dem Tag besucht und ist selbst ein begeistertet Sportler. Daher konnte ich ihn nicht davon abhalten, mich für einige Kilometer zu begleiten. Es ist bereits Abend, als wir gemeinsam mein nächstes Etappenziel erreichen. Ab hier bin ich wieder auf mich alleine gestellt. Für meinen Opa geht es zurück nach Berlin. Trotzdem ich völlig fertig bin, geht es heute für mich bis tief in die Nacht, da ich Probleme habe, eine geeignete Schlafstelle zu finden. Ich bin mitten im Nirgendwo und kann wegen der fortschreitenden Dunkelheit auch die Umgebung nicht mehr so wirklich gut nach geeigneten Schlafplätzen scannen. Es ist schon verrückt, durch das Suchen bin ich so abgelenkt und fokussiert, dass ich gar nicht merke, wie ich noch einmal 5 weitere Kilometer absolviere.

Irgendwann endet meine Suche dann doch und ich begebe mich in ein kleines Waldstück. Für meinen Schlafplatz sammele ich das ganze Laub aus dem Umfeld und türme es zu einem großen Haufen. Nun mache ich mir eine kleine Kuhle in den Haufen und lege mich hinein. Wunderschön. Hier fühle ich mich sehr wohl, mein Quartier ist bequem und weich. In meinen Schlafsack gekuschelt, sehe ich im Dunkel der Nacht das Licht eines nahegelegenen Hotels durch das Geäst schimmern. Das ist ein angenehmes Gefühl.

Noch Minuten zuvor habe ich nicht einmal die Hand vor Augen erkennen können, da ich mitten durch den Wald ging und weit und breit keine Laterne, kein Haus und auch sonst kein Licht zu sehen war. Ich lausche noch ein wenig den Geräuschen des Waldes, bevor ich schon Sekunden später in Tiefschlaf falle.

YES, was für ein Morgen! Mit den ersten Sonnenstrahlen und den Stimmen der Vögel erwache ich in meinem Lager. Was für eine tolle Nacht! Es hat sich fast so angefühlt, als hätte ich in einem Bett geschlafen. Mal abgesehen von den Geräuschen, die ebenso ein Wald zu bieten hat, und mal abgesehen von der Wurzel, die sich konsequent in meinen Rücken bohrte. Aber im Vergleich zu den anderen Nächten, war das großartig. Und so starte ich voller Motivation in den Tag. Vom Vortag habe ich noch ein paar Kleinigkeiten in meinem Gepäck und darf einen Apfel und zwei Birnen mein eigen nennen. Das sollte mir erst einmal etwas Energie geben, um mich sofort auf den Weg machen zu können.

Auch mein Körper fühlt sich super an. Da geht was heute, das merke ich deutlich. Ich weiß nicht woran es liegt, aber die ersten Kilometer reiße ich wie im Fluge ab und die Schritte fallen mir sehr leicht. Warum kann es nicht immer so sein? Ich mache heute lediglich zwei kurze Stopps. Da ich ganz gut unterwegs bin, kann ich die Pausen wirklich mal genießen und bin nicht so sehr in Eile und abgelenkt von meinen körperlichen Problemen wie sonst während meiner Pausen.

Trotz meiner guten Verfassung zwinge ich mich dazu, die Pausen einzuhalten, um auf Nummer sicher zu gehen und meine Füße zu massieren. Ich möchte in meiner Euphorie nicht meine gute Verfassung zunichte-machen, weil ich die

Gelenke überlaste. Heute schaffe ich es sogar, 10 Kilometer weiter über mein eigentliches Ziel hinaus zu gelangen. Es gibt mir noch einmal einen unheimlichen Motivationsschub, wenn ich weiß, dass die eigentlichen Kilometer bereits absolviert aber noch Energie und Zeit vorhanden sind. So laufe ich diese 10 Kilometer abends ganz entspannt und voller Elan. Die Freude und der Stolz über meine Leistung am Abend sind natürlich entsprechend groß.

Jetzt wird es bereits langsam dunkel und bevor ich wieder mitten in der Nacht umherirre, entschließe ich mich, den Tag heute zu beenden und mir ein Lager zu suchen.

Meine Frage lautet wieder einmal: „Wo soll ich hier schlafen?" Ich entdecke eine große Grünfläche mit vielen Sträuchern. Später bemerke ich, dass dieser Park zu einem Krankenhaus gehört. Aber egal, das Gebüsch dort hinten ist meins. Irgendwie ist dieser Platz ganz schön, weil ruhig und sicher, andererseits fühle ich mich hier ein bisschen beobachtet. Ich kann mich nicht wie gewohnt entfalten, denn ich versuche, nicht weiter aufzufallen. Ich habe keine Lust darauf, dass jemand die Polizei ruft, weil ich im Park umherirre. So ein Krankenhaus in der Nähe hat aber auch seine Vorteile, es hat nämlich Strom. Der Akku für mein

GPS gibt so langsam den Geist auf, denn so wirklich Sonne war für mein Solarsystem bisher nicht vorhanden. Ich entschließe mich, meinen Akku im Krankenhaus laden zu lassen. Bei meinen ersten Schritten in das Haus überlege ich, ob ich nicht gleich überwältigt werde, so wie ich aussehe – verschwitzt, ungewaschen, mit Bart und schmutziger Kleidung. Es ist bereits nach 22 Uhr, entsprechend leer ist das Haus. Auf einem Gang höre ich Stimmen und folge Ihnen. In einem Zimmer sitzen vier Krankenschwestern. Mit zurückhaltender Stimme sage ich: "Entschuldigung". Alle sehen mich erwartungsvoll an. Ich versuche, meine Geschichte zu erzählen und warum ich so aussehe wie ich aussehe. Daraufhin sind die Damen überaus freundlich und behalten meinen Akku dort, um ihn für mich zu laden.

Nun geht es wieder nach draußen, was zu einer leichten Verwunderung bei den Damen führt, fragten sie sich doch sicher, wo ich meine Nacht verbringen würde. Es war ein komisches Gefühl. Nach nun 6 Tagen, die ich ausschließlich in der Natur verbrachte, wieder einmal in einem Haus zu sein, wo es warm ist, wo es trocken und sauber ist. Kurz überlege ich mir, vielleicht dort zu bleiben, aber diesen Gedanken verwerfe ich schnell, denn das wäre gegen meine Regeln und so führt mich mein Weg wieder raus in die bereits angebrochene Nacht.

Nach diesem erfolgreichen Tag wird es für mich Zeit, endlich in den Schlafsack zu klettern und zu schlafen. Es ist eine sehr kühle Nacht. Mein Schlafplatz ist zwar gut gelegen, um nicht weiter aufzufallen, aber vor Wind und Wetter bietet er doch relativ wenig Schutz. So werde ich immer wieder wach, weil ich friere und weil es windig ist. Ich blicke mich kurz um und schlafe dann weiter, immer und immer wieder.

Der frühe Vogel fängt den Wurm. Mit den ersten Strahlen der Sonne liege ich in meinem Lager, wie auf einem Präsentierteller und das möchte ich nicht. Zudem ist es Zeit, mich auf den Weg zu machen und die ersten Kilometer zu sammeln. Ich gehe noch kurz ins Krankenhaus um meinen Akku einzupacken und dann geht's auf die Strecke Richtung Ziel. Zum Glück hält meine gute Verfassung weiter an und ich komme gut in den Tag.

Ich habe schon fast so etwas wie ein morgendliches Ritual entwickelt: Mein Tag beginnt zwischen 5 und 6 Uhr morgens. Innerhalb von 5 Minuten befinde ich mich auf der Strecke. Mir ist meist viel zu kalt, um mich länger an meinem

Schlafplatz aufzuhalten. Ich bin froh, wenn ich dann endlich starten kann und mein Körper wieder langsam auf Normaltemperatur kommt. Zähne putzen und das morgendliche Frühstück, bestehend aus Pflaumen und Äpfeln, findet auf der Strecke statt. So spare ich viel Zeit und die erste Stunde vergeht durch die Ablenkung wie im Flug. Diese Zeit mag ich im Laufe der Tage am liebsten, da es am meisten Abwechslung bringt und die Zeit scheinbar schneller vergeht.

Auch der weitere Rhythmus ist langsam fest ein-studiert. Ich laufe meinen ersten Block immer bis 13 oder 14 Uhr bevor ich mir eine erste Pause gönne. In dieser Zeit versuche ich, einfach abzuschalten und mir Zeit für die Natur und die Umgebung zu nehmen. Ich reibe meine Beine ein und im Idealfall bietet sich die Möglichkeit, in einen Fluss oder See zu springen beziehungsweise zu kriechen, weil an Springen längst nicht mehr zu denken ist.

Wenn die Gelegenheit günstig ist und meine Funde von der Strecke es zulassen, mache ich mir einen Tee aus Hagebutten oder Brennnesseln und esse eine Kleinigkeit. 30 Minuten, viel länger dauert keine meiner Pausen. Dafür ist meine innere Anspannung zu groß und meine Zeit zu knapp.

Ich fühle mich immer ein bisschen getrieben. Also heißt es dann wieder, ab auf die Strecke.

Nicht erst am heutigen Tag merke ich: Dieser Lauf ist brutal. Nicht die Strecke ist und wird das Schlimmste, nicht der Körper wird versagen, sondern der Kopf ist unter enormer Belastung. Wenn der Körper durch die fehlenden Nährstoffe und die enorme Belastung bereits im Grenz-bereich läuft, fällt jeder Schritt doppelt schwer. Unter diesen Bedingungen wird jeder Weg – der falsch gewählt – zur Herausforderung an die eigene Psyche. Ich war so oft kurz vorm Ausflippen, weil sich ein Weg als falsch herausstellte, es über Stunden nur bergauf ging oder unentwegt regnete.

Hinzu kommt die Einsamkeit. Es gibt niemanden, mit dem ich mich austauschen oder einfach nur mal die Belastung mental teilen kann. Und wenn diese beiden Fälle mal nicht eintreten sollten, habe ich ja noch höllische Schmerzen, auf die ich mich verlassen kann.

Ich bin jeden Tag alleine, muss jede Entscheidung selber treffen, jedes Problem alleine lösen und bin im stetigen Kampf mit mir selbst. So oft denke ich an zuhause, wie ich morgens im Bett liege, an meinen Frühstückstisch gehe und den Morgen mit meiner Familie beginne. Ich denke darüber nach, was ich mir alles zu essen mache, wenn ich zurück bin, oder überlege, was wohl alle anderen gerade machen.

Wenn es mir schlecht geht, gönne ich mir wieder etwas Luxus und höre Musik. Die zwei Songs "ANOTHER LOVE" und "ENGLISHMAN IN NEW YORK" teile ich mir pro Tag ein, nur diese zwei. Mehr lässt mein Akku nicht zu. Mir kommen dann nicht selten die Tränen. Ich bin an meiner psychischen Grenze angelangt. Und doch laufe ich Tag für Tag weiter, gerade weil ich schon so weit bin, mir so viele Menschen zur Seite stehen und an mich glauben und weil ich es mir selbst beweisen möchte.

Dieser Lauf war nicht nur ein Erfolg von mir. Wie oft wurde ich gerade in schweren Momenten von meiner Familie, Freunden und völlig fremden Personen auf-gemuntert und aufgebaut. Es war toll, all diesen Zuspruch zu erfahren und mich auf ein Team verlassen zu können, das voll und ganz hinter mir steht. Danke dafür!!!

So oft denke ich in diesen Tagen an die Dinge, die ich gerade jetzt nicht habe und freue mich riesig auf die Zeit, wenn mir wieder all diese Möglichkeiten offenstehen. Ich wurde mir auf diesem Lauf wieder vieler Dinge bewusst.

Oft vergisst man in der heutigen Zeit, wie gut es uns eigentlich geht, wie viel wir besitzen oder was an einer einfachen Scheibe Brot so toll ist. Vieles wird im Laufe der Jahre selbstverständlich.

Ein solcher Lauf, der einem den Zugriff auf viele Annehmlichkeiten verwehrt und einen zeitgleich einer solch emotionalen Belastung aussetzt, hilft sehr dabei, sich zu Erden und viele Dinge wieder schätzen zu lernen.

KAPITEL 7 –

BATTERIEN AUFLADEN

Belohnung für bis jetzt Erreichtes

Faktor mentaler Stärke:

Emotions- und Stimmungsmanagement

Die Tagesetappe 7

Ich sage nur eins: "Beeeeeeeergfeeeest" Es ist für den Kopf ein tolles Gefühl, zu wissen, dass ich ab jetzt jeden Kilometer rückwärts zählen kann. Dieses Bewusstsein gibt mir das Gefühl, Berge versetzen zu können. Obwohl ich natürlich seit dem Start meinem Ziel entgegenlaufe, hatte ich am Anfang das Gefühl, es wäre eine unüberwindbare Zahl, die da auf meinem GPS-Gerät, die noch zu laufenden Kilometer anzeigt. Jetzt, da ich die Hälfte absolviert habe, schaltet mein Kopf um, und seit diesem Punkt ist es für mich, als könne ich plötzlich das Ziel sehen und steuere geradewegs darauf zu. Das rufe ich mir immer und immer wieder ganz klar ins Gewissen und es gibt mir einen unglaublichen Auftrieb.

Als wäre das nicht schon Motivation genug, habe ich heute einen weiteren Antriebsfaktor. Ich habe meine 10 Kilometer Vorsprung, die ich mir gestern – zusätzlich zu meinem eigentlichen Tagesziel – erarbeitet habe. Und obwohl ich nur an diesem einen Tag 10 Kilometer mehr gelaufen bin als es mein Pensum vorsah und diese 10 Kilometer auf die Gesamtstrecke gesehen natürlich ein Witz sind, ist die Bedeutung dieses Puffers für mich enorm. So kann ich mir jeden Tag um 18 Uhr erlauben zu sagen: "Steven, schon jetzt hast du es geschafft und kannst aufhören, das Tagesziel ist bereits erreicht."

Dieses Wissen reicht mir, um jeglichen Druck von mir zu nehmen, und häufig sind mir die darauffolgenden 10 Kilometer super leicht gefallen. Ich bin dann bis 20 Uhr völlig entspannt gelaufen, obwohl ich vielleicht vorher absolut am Ende war. Mit dieser Erkenntnis, das Tagesziel bereits erreicht zu haben, wurden meine Beine viel leichter; und ich erinnere mich an keinen Abend, an dem ich die 2 Stunden und 10 Kilometer bis 20 oder 22 Uhr nicht noch gelaufen bin.

Mit dieser positiven Grundstimmung geht es für mich also auf die heutige Strecke. Ich weiß es noch ganz genau. An den ersten drei Tagen habe ich ständig über das   Wetter gemeckert. Es nervte mich total, dass ich mein Solarladegerät dabei hatte und die Sonne einfach nicht ausreichte, um irgendetwas zu laden. Ich ärgerte mich über den unnötigen Ballast, den ich da mit mir herumschleppte. Und so wünschte mir inständig etwas mehr Sonne. Heute bereue ich diesen Wunsch. Die Temperatur klettert im Laufe des Tages auf über 30 Grad.

Das häufig angenehme Wetter in diesem Monat war einer der Gründe, warum mein Lauf im September statt-finden sollte. Ich habe mir darunter allerdings nicht 31 Grad vorgestellt.

Die Sonne knallt ohne Gnade und bringt den Asphalt zum Glühen. Ich sehe, wie die Hitze ein Flackern über dem Asphalt erzeugt. Viel zu selten finde ich Stellen, um der Sonne zu entgehen. Der Hauptteil meiner Strecke liegt nun mal auf Straßen oder Wegen ohne jeglichen Schatten. Der Schweiß läuft in Strömen und ganz bald bin ich klitschnass. – Man soll während der Mittagshitze keinen Sport machen? Daraus wird wohl heute nichts.

Zu allem Überfluss habe ich beim Ausräumen meines Rucksacks die Sonnencreme gleich mit aussortiert. Falsche Entscheidung – das werde ich später noch schmerzhaft spüren. Bereits nach 6 Stunden hätte ich mich auf den Boden legen können und wäre mit einem Krebs verwechselt worden – alles brennt wie Feuer.

Den einzigen Schutz gegen die erbarmungslose Sonne bietet meine Kleidung. Ich ziehe mein BaseCape tief ins Gesicht, nehme meine Arme aus den Ärmeln und verstecke sie unter meinem Shirt. Ich versuche, viel Flüssigkeit zu mir zu nehmen, muss aber zugleich mit meinen Wasserreserven haushalten, da ich nie weiß, wann ich wieder brauchbares Wasser finden werde. Ich versuche, mich zu schützen, mit allem was ich habe.

Die Arme aus dem Shirt zu nehmen, war keine tragfähige Lösung, weil so ständig der Rucksack rutschte. Es musste also eine neue Variante her, um meine Arme zu schützen. Immer wieder versuche ich deshalb, mein kurzärmeliges Hemd nun so langzuziehen, dass es meinen gesamten Arm schützt.

Eine problematische Stelle bei Sonne ist ja immer der Kopf. Ich tränke daher bei jeder Gelegenheit mein BaseCape mit Wasser, um Kühlung zu erhalten. Diese ist jedoch nur von kurzer Dauer. Ich merke deutlich, wie Beine, Körper und Kopf müde werden und ich nun bereits im Grenzbereich agiere. Auf meiner Karte suche ich immer wieder nach Flüssen, Seen oder einfach nur Wasser zum Kühlen. Das ist aber gar nicht so einfach. Natürlich gibt es unzählige Seen und Flüsse, aber keine die ich direkt kreuze.

Bei jedem See auf der Karte, muss ich abwägen: Gehe ich jetzt diese 2 Kilometer nach links, um mich zu erfrischen und zu trinken? Manchmal kann eine solche Entscheidung ausschlaggebend sein. Etwas zu viel an den Pausen gespart und es könnte vorbei sein, ein paar zu weite Umwege genommen und es reicht am Ende nicht für mein angepeiltes Tagesziel. Deshalb habe ich für mich die Regel aufgestellt, dass alles, was weiter als 500 Meter entfernt ist, nicht infrage kommt. Solange ich noch gehen kann, warte ich auf besser gelegene Stellen.

Und mein Warten soll belohnt werden. Es ist gerade 14:25 Uhr, als ich neben mir einen Fluss entdecke. Es wäre natürlich zu einfach, gäbe es einen Weg, der mich dorthin führen würde. Ich muss über den Koppelzaun steigen und mich regelrecht vorkämpfen. Der Zugang zum Wasser wird mir noch von einem dichten Dickicht versperrt. Mühsam zwänge ich mich dort hindurch und gelange an einen wunderschönen klaren Fluss. Mittendrin gibt es eine Art Damm aus vielen Stämmen, Zweigen und Ästen. Ich kann es kaum abwarten, mich dort niederzulassen und einfach nur die Füße ins Wasser zu halten. Zuerst muss ich mich aber mal hinsetzen. Aber nur sitzen ist Zeit-verschwendung. Ich kann nicht anders und packe meine Sachen aus, sortiere alles etwas und beginne gleich eine größere Menge des Flusswassers abzukochen.

Nachdem das erledigt ist, hält mich nichts mehr – raus aus den Sachen und rein ins Wasser. Beim Ausziehen bemerke ich, dass meine ganze Kleidung voller kleiner Kletten hängt. Nachdem ich die total nervige Aufgabe, diese alle wieder zu entfernen, auch noch erledigt habe, geht es jetzt aber wirklich ab ins Wasser. Es ist ein unbeschreibliches Gefühl nach 3 Tagen, völlig durchgeschwitzt und erschöpft, in einen kühlen klaren Fluss zu hüpfen.

Ich fühle mich wie neugeboren. Diese gerade mal zwei Minuten im Wasser reichen aus, um mich wie ein neuer Mensch zu fühlen. Diese Augenblicke genieße ich sehr und ganz bewusst, weiß ich doch, wie wertvoll solche Momente sind, um alle Batterien im Körper aufzuladen. Wenn man diese kleinen Gelegenheiten nicht nutzt, um sich ganz bewusst die Schönheit dieses Augenblicks klarzumachen, wird es verdammt schwer. Es gibt schon genug Dinge, die einen auf einer solchen Tour runterziehen.

Ich bin sicher, und das ist auch wissenschaftlich belegt, dass mentale Stärke nicht nur bedeutet, konstruktiv mit seinen negativen Gefühlen umzugehen, sondern auch und vor allem, sich selbst sehr gut in eine positive Stimmung versetzen zu können. Positive Gefühle und Stimmungen helfen bei der Umsetzung von Absichten enorm.

Bevor ich mich wieder auf den Weg mache, bereite ich mir – mit dem inzwischen kochenden Wasser – noch einen Brennnesseltee und spüle meine Sachen kurz durch.

Genug Pause gemacht und weiter geht's. So ein kühles Vergnügen ist natürlich nicht umsonst. Beim Verlassen meiner Badestelle muss ich erneut durch das dichte Geäst und falle direkt in einen großen Haufen Brennnesseln. Das tut vielleicht weh. Aber ich sage mir: Immer positiv denken – das fördert die Durchblutung.

Der schlimmste Tagesabschnitt ist jetzt geschafft und die Sonne verliert immer mehr an Kraft. Ich bin stolz auf mich, denn ich habe diesen harten Bedingungen standgehalten und stehe noch auf den Beinen.

Am Abend merke ich dennoch, dass diese ohnehin schon ausreichende körperliche Belastung ein anderes Ausmaß annimmt, wenn die Temperaturen über 30 Grad erreichen. Hoffentlich bringt der morgige Tag mir wieder etwas mehr Wolken.

Die Abende hingegen werden jetzt zunehmend kühler. Ich merke deutlich, dass ich mit stetiger An-näherung an die Zugspitze auch immer mehr für mein Nachtlager tun muss, um nicht zu sehr zu frieren. Mein Schlafsack kann inzwischen nur noch als Attrappe bezeichnet werden. Die Wohlfühl-Außentemperatur für diesen, liegt bei 18 Grad. Davon kann ich nur träumen. Die Temperaturen liegen derzeit im einstelligen Bereich. Ich mache es mir trotzdem ganz gemütlich und ziehe mich, so warm es eben geht, an. Erschöpft und zufrieden, dass nun auch dieser Tag geschafft ist, fallen mir langsam die Augen zu.

KAPITEL 8 –

AM LIMIT ... ODER DOCH NICHT?

Körperliche Erschöpfung

Mentale Stärke wird immer wichtiger

Faktor mentaler Stärke:
Zielbezogene Selbstdisziplin

Die Tagesetappen 8 bis 12

Guten Morgen, Tag 8! Und hallo Sonne. Ich kann und will es nicht glauben. So, wie es aussieht, werden es heute wieder über 30 Grad. Wenn ich an gestern denke und daran, wie sehr mir die Hitze zu schaffen gemacht hat und auch heute noch in den Knochen steckt, dann ahne ich Schlimmes. Dieser Tag kann echt hart werden. – Es sollte jedoch wesentlich schlimmer kommen, als ich jetzt denke.

Der Tag wird absolut gnadenlos. Die Sonne brennt erbarmungslos. Das ist kein Laufen mehr, das ist ein ‚sich schleppen'. Ich merke, dass die letzten Tage mich körperlich erschöpft haben und ich meine Batterien nicht über Nacht wieder aufladen kann.

Ein kleiner Lichtblick und Motivationsschub an diesem Tag, ist der Besuch meiner Eltern. Manchmal reicht so etwas bereits aus, um sich an der einen oder anderen Stelle vielleicht doch noch mal zu überwinden und diesen einen Schritt mehr zu gehen. Als meine Eltern ankommen, gebe ich ein wahrscheinlich wenig ansprechendes Bild ab. Meine Mutter entschließt sich daher, mich auf der zweiten Tagesetappe zu begleiten, während mein Vater mit dem Auto vorausfährt.

Ich bin auf dieser zweiten Tagesetappe kein wirklich guter Gesprächspartner, denn über meine Grenze bin ich längst hinaus. Ich nehme Sätze nur noch halb oder gar nicht mehr wahr und meine Antworten kommen verzögert oder sind nur noch ein Grummeln. Doch keine Sorge, ich breche nicht zusammen. Ich kann und will in diesem Moment einfach keine Energie, egal ob körperlicher oder mentaler Art, aufwenden, da ich wirklich jede Reserve benötige, um mein Ziel zu erreichen und unter höchster Anspannung und Konzentration stehe.

Es ist eine absolute Qual. Hinzu kommt, dass mich mein Weg heute durch ein Naturschutzgebiet führt und mir diese Wege unendlich lang vorkommen. Links und rechts Bäume soweit das Auge reicht und vor mir ein langer Schotterweg. Durch dieses eintönige Landschaftsbild scheint der Weg endlos. Wenn mein Körper heute nicht schon automatisch wüsste, was er zu tun hat und wie ich meine Füße bewegen muss, hätte ich keine Chance. Meine Taktik, mir immer wieder kleine Ziele zu setzen, behalte ich bei. Ich muss einfach diesen Tag überstehen und kämpfen. Ich denke an nichts.

Als wir gemeinsam das heutige Tagesziel erreichen, lasse ich meinen Rucksack fallen und sacke zusammen. Von diesem Punkt werde ich mich den ganzen Abend nicht wieder erheben. Ich merke deutlich, dass dieser Tag absolut am Limit war und ich weiß auch, dass ich bis Morgen wieder fit sein muss. Ich versuche daher jede Sekunde zu nutzen, mich mit meinen überschaubaren Mitteln zu versorgen und noch einmal jeden Muskel durchzukneten.

Für mehr reicht die Kraft heute nicht mehr. Mir fallen keine 2 Minuten später die Augen zu. Ich weiß, wenn ich mich bis Morgen nicht erholt habe, dann war's das mit meinem Projekt. Ich nehme auch nicht mehr wahr, dass mein heutiges Nachtlager direkt unter einem Gebüsch neben den

Schienen einer Art Güterbahnhof liegt. Meine Mutter hat an dem Tag super durchgehalten und diese Tagesetappe erfolgreich mit mir beendet.

Es wird langsam wieder hell und was soll ich sagen ... an den grausamen Tag schloss sich eine ebenso grausame Nacht an. Immer wieder ratterte ein Zug nach dem anderen an mir vorbei. Das permanente, behäbige Quietschen und Rollen der Züge ließ mich nur in einer Art Dämmerschlaf verweilen. Trotzdem fühle ich mich relativ gut. Es scheint wirklich, als hätte sich mein Körper ganz gut gefangen wieder etwas Kraft getankt. Keine 20 Meter von mir entfernt verläuft ein kleiner Fluss. Die Zeit nehme ich mir heute und tauche meinen Kopf noch mal ganz tief in das kühle Wasser. Jetzt kann es losgehen.

Vom Ort Obersinn geht es heute für mich auf die erste Tagesetappe. Meine Route führt mich zunächst entlang einer schmalen Landstraße. Nach zirka 10 Kilo-metern biege ich dann von der Straße auf einen kleinen Schotterweg ab und von dort geht es direkt steil nach oben.

Na gut, denke ich mir, wenn ich dadurch schneller am Ziel bin, muss ich da eben durch. Immer wieder nehme ich den Kopf hoch, um zu schauen, ob bereits ein Ende des

Aufstiegs in Sicht ist, aber da ist nichts. Ich stehe kurz vor einem Wutausbruch: Ich habe zwei Tage Hitze gerade so überstanden, bin heute Morgen mit gutem Gefühl aufgestanden und jetzt schon wieder im Grenzbereich. Aber ich bin nicht im körperlichen Grenzbereich, sondern im mentalen.

Es frustriert mich unheimlich, dass ich nicht auf dieser blöden Straße geblieben bin und stattdessen jetzt diesen scheiß Berg hinauf muss. Ich kämpfe wirklich, aber es ist kein Ende in Sicht. Ich könnte umdrehen, aber wer sagt mir, dass dort vorne nicht doch das Ende des Aufstiegs wartet. Aber – ich werde belohnt. Nach einer Stunde steilen Aufstiegs genieße ich einen der schönsten Ausblicke auf meiner Reise, den von der Spitze des Bergkamms.

Jetzt, denke ich, muss ich es doch geschafft haben, jetzt geht's bergab. Naja, das stimmt auch, allerdings geht es im Anschluss an den Abstieg an einen weiteren Aufstieg. Ich habe mich also den ganzen Weg nach oben gequält, um nun die eben erlaufenen Höhenmeter wieder nach unten zu laufen und dann sofort wieder erneut in die Höhe zu steigen. Jetzt reicht es mir. Nach kurzer Verschnaufpause hole ich wütend meine Karte raus, um mich zu orientieren. Die Karte sagt mir: nach links und dann immer Richtung Straße. Mir ist völlig egal was sich mir in den Weg stellt, ich laufe jetzt hier quer durch, komme was wolle.

Mein GPS-Gerät hat mir in dieser Situation nicht viel geholfen, weil es zwar die Route angezeigt hat, aber nicht auf Höhenunterschiede eingestellt war. Wie so ein Weg durch tiefsten Wald eben ist, ist auch dieser nicht gerade einfach, aber es ging bergab und mehr wollte ich in diesem Augenblick nicht.

Der ganze Ausflug auf den Kamm hat mich ins-gesamt 3 Stunden gekostet und 5 Kilometer vorwärts gebracht, schlechter geht es kaum. Sich von derartigen Fehlschlägen nicht gänzlich aus dem Konzept bringen zu lassen, ist in einem solchen Augenblick wirklich nicht leicht. Ich sage mir immer wieder, dass dieser Umweg nur ein kleiner Rückschlag auf dem Weg zu einem großen Ganzen ist. Was habe ich erreicht, wenn ich jetzt aufhören würde, was würde dann bleiben? Nichts! Ich bringe die erste Tagesetappe also zu Ende und stürze mich nach kurzer Pause in die zweite und für heute letzte Etappe.

Die zweite Etappe verlief etwas besser. Meine Stimmung hob sich trotzdem den ganzen Tag nicht sonderlich. Der Körper konnte sich von den unvorhergesehenen Strapazen des Vormittags natürlich nicht in einer kurzen Pause erholen. Der Anstieg hat mich vor allem auch deshalb körperlich und mental zurückgeworfen, weil ich nicht darauf eingestellt war.

Neuer Morgen, alte Leiden. Ich dachte wirklich, dass ich das Thema ‚Schienbeine' los bin und es geschafft habe, aber ich starte heute in den Tag und die Schmerzen sind zurück. Inzwischen kenne ich dieses Problem und kann daher wesentlich besser damit umgehen. Es ist noch immer alles andere als angenehm, aber ich halte mich an mein bewährtes Programm mit kurzen Stopps, Einreibungen, Dehnungen und Bandagen.

Mir fällt auf, dass ich auf meiner gesamten Tour nur wenig Zeit oder – besser gesagt – nur wenig Nerven hatte, die wunderschöne Umgebung einmal wahrnehmen zu können. Normalerweise hätte ich mir dafür mehr Zeit genommen, aber ich bin so mit mir selbst, meiner Aufgabe und meinem Kopf beschäftigt, dass dafür einfach kein Platz ist. Ich habe mir die Aufgabe gestellt, so schnell wie möglich durch Deutschland zu laufen und nicht durch Deutschland zu laufen und die schöne Landschaft zu   bestaunen. Sportler sprechen vom sogenannten Tunnel, in welchem Sie sich befinden. So würde ich es auch bei mir beschreiben. In diesem Augenblick gibt es nur mich und mein Ziel.

Ich bin jetzt im Maintal unterwegs und habe am heutigen Tag nur noch 5 Kilometer auf dem Plan, als es zunehmend dunkler wird und auch der erste Regen einsetzt. Aber ich bin ja vorbereitet und krame meine Regenjacke aus dem Rucksack. Wobei diese eingeschweißten Regenponchos den Namen „Jacke" kaum verdienen. Bereits beim Überziehen habe ich schon den halben Poncho zerlegt und zerrissen. Außerdem würde ich vorschlagen, das Anlegen eines solchen Ponchos bei Regen und Wind als neue olympische Disziplin anzumelden. Alleine diese Leistung ist aller Ehren wert. Zumindest halten Sie den ersten Regen ab und mich   halbwegs trocken.

Es sind nur noch 2 Kilometer bis zum Tagesziel und der Himmel färbt sich in ein tiefes Schwarz. Heftiger Regen begleitet mich, aber ich habe hier keine Möglichkeit, irgendwo Schutz zu finden und diese verbleibenden 2

Kilometer wurmen mich. Die will ich noch schaffen. Es dauert keine 2 Minuten bis meine Hose völlig durchnässt ist und auch mein Regenponcho den Geist aufgibt. Als ich den Ortseingang sehe, lege ich noch einmal einen Zahn zu, ich muss irgendwo etwas finden, das mir Schutz bietet. Am Ortseingang liegt wieder einmal ein Gewerbegebiet und auf einem Parkplatz entdecke ich die Überdachung von Einkaufskörben. Dort will ich hin. Es ist die einzige Möglichkeit, mich vor dem Regen zu schützen. Ich steige auf die Körbe, bin völlig erschöpft, mir ist kalt und meine Sachen sind komplett durchnässt. Ich breite meine Isomatte auf den Körben aus, hülle mich in den Schlafsack und versuche die nassen Sachen auf den Einkaufskörben zu trocknen.

Mir ist und wirklich mich dort Der Wind durch, findet der des Regens mir und auch nicht, Griffen von  richtig kalt wohl fühle ich auch nicht. pfeift überall immer wieder Sprühnebel einen Weg zu bequem ist es auf den Einkaufskörben zu liegen. Aber was soll ich machen, der Regen wird eher stärker als schwächer und ich weiß nicht was kommt, wenn ich weitergehe. Ich kauere mich bestmöglich in meinem Schlafsack zusammen und versuche einfach irgendwie in den Schlaf zu kommen.

Der Regen wird nachts nicht weniger und immer wieder wecken mich Scheinwerfer von Autos mit grölenden Jugendlichen, die am 20 Meter entfernten Geldautomaten Geld abheben. Ich fühle mich beschissen. Ich bin dort völlig schutzlos und wenn ich entdeckt werde, kriege ich vielleicht noch Probleme.

Ich kann die Situation jetzt nicht ändern und hoffe einfach nur, dass diese Nacht schnell vorbei geht. Es ist 4 Uhr morgens und ich habe in dieser Nacht kaum geschlafen. Auf den Parkplatz kommen bereits die ersten Lieferfahrzeuge für das Gewerbegebiet. Mich hält an diesem Ort nichts mehr. Mir ist kalt, ich bin nass und auf den Körben ist an bequemes Liegen oder gar Schlafen   ohnehin nicht zu denken.

Tag 11 kann beginnen und schlimmer als es diese Nacht war, wird es wohl nicht mehr werden. Mein Ziel für diesen Tag ist klar. Ich will die ersten Sonnenstrahlen   nutzen, um mich aufzuwärmen und die Sachen trocken zu bekommen, denn ich habe noch 3 bis 4 Tage vor mir und will nicht auf der Schlussetappe krank werden. Ich soll meine Chance bekommen: Zwar ist das Wetter heute nicht wirklich besser und es regnet immer mal wieder, doch ich kann eine kurze Sonnenphase nutzen, um meine Energiereserven eine halbe lang Stunde aufzutanken. Ich bekomme meine Sachen zumindest wieder ein wenig trocken und komme durch den Tag. Wenn das Wetter sich in den nächsten Tagen nicht verbessert, habe ich wahrscheinlich ein weiteres Problem. Noch ein, zwei Nächte in nassen Sachen laufen oder schlafen und ich werde krank, das ist sicher.

Der Tag geht weiter, wie er begonnen hat – nass. Und obwohl es eigentlich egal ist, weil ich ohnehin schon wieder komplett durch bin, halte ich hin und wieder an und stelle mich unter, um wenigstens ein paar Minuten, dem auf den Kopf prasselnden und nervenden Regen zu entkommen.

Nach einer weiteren verdammt kalten Nacht, geht es jetzt endlich Richtung Zugspitze. Ich starte heute von Wilburgstetten. Aufgrund der geringen Temperaturen brauche jetzt immer länger, um morgens in Tritt zu kommen. Der Körper ist völlig ausgekühlt und da die

Tagestemperaturen inzwischen auch nur noch maximal 15 Grad erreichen, ist es schwer, eine gute Körper-temperatur aufzubauen. Ich schlafe nachts in voller Kleidung, ziehe alles an, was verfügbar ist und wickle meinen Körper in Rettungsdecken. Im Laufe der Zeit bahnt sich die Kälte trotzdem ihren Weg. Der Vorteil an der Kälte ist, dass ich mich morgens nicht lange im Lager aufhalte, oder gar Probleme mit dem Aufstehen habe. Mein Körper will so früh nur eins, in Bewegung kommen, laufen.

Allerdings merke ich, dass andere Bewegungen ihm zunehmend Schwierigkeiten bereiten. So wollte ich heute eine schnelle Bewegung in die Höhe machen, aber das schmerzte unheimlich. Ich merke, wie eingefahren mein Körper ist. Ich habe beispielsweise Probleme damit, meinen Arm in die Höhe schnellen zu lassen, was mir fast ein wenig Angst macht. Aber ich mache seit 12 Tagen, 12 bis 14 Stunden pro Tag die gleiche monotone Bewegung und in der Nacht liege ich auf dem harten Boden oder auf Einkaufskörben.

Natürlich vergisst mein Körper da die eine oder andere Bewegung oder hat Probleme damit. Mein Rucksack fühlt sich unglaublich schwer an. Ich versuche dies durch wechselnde Tragevarianten zu kompensieren, aber schwer bleibt eben schwer. Es ist für mich unvorstellbar, dass ich in den ersten Tagen fast mit dem doppelten Gewicht unterwegs und dennoch schneller als jetzt war. Ich merke, dass ich zunehmend ausgezehrt bin. Neben der körperlichen Belastung haben natürlich auch das wenige Essen, das schlechte Schlafen sowie Wind und Wetter ihren Anteil daran.

Ich habe mir für das heutige Tagesziel einen Schlafplatz neben einer Autobahnauffahrt gesucht. Links und rechts von mir, fahren die Autos auf die Autobahn auf oder ab. Es ist laut, aber es ist lebendig und ich habe ein wenig Licht, um am Abend meinen Rucksack zu ordnen. Da ich sehr gut in der Zeit liege, investiere ich heute viel Mühe und Arbeit in den Bau meines Nachtlagers.

Ich suche mir Laub und Äste zusammen, um etwas Schutz gegen die zunehmende Kälte zu haben. Neben mir kocht auch schon das Wasser für meinen Brennnesseltee, der mich hoffentlich etwas von innen wärmt. Die Möglichkeit, ab und zu mal einen warmen Tee zu trinken, gibt viel Kraft und Wärme von innen. Von den Autos um mich herum, bekomme ich in dieser Nacht fast gar nichts mit. Mit zunehmender körperlicher Erschöpfung ist mir alles egal. Ich würde in meinem Zustand wahrscheinlich auch auf   einem Felsblock halbwegs schlafen.

Die vergangenen 5 Tage waren überwiegend grausam. Das hat keinen Spaß gemacht, das war nicht gesund. Diese Tage habe ich auch nur deshalb über-standen, weil ich wusste, dass es einen Sinn hat. Nun mag der eine oder andere Leser sich vielleicht fragen, welchen Sinn es hat, seine Gesundheit aufs Spiel zu setzen, nur um Deutschland so schnell wie möglich zu Fuß von Nord nach Süd zu durchqueren.

Es hat für mich einen Sinn. Ich will beweisen, dass ich in der Lage bin, körperliche Leistungen zu erbringen, die auf den ersten Blick nicht machbar beziehungsweise erklärbar sind. Ich will beweisen, dass ein Großteil dieser Leistung nicht auf körperlicher sondern auf mentaler Kraft beruht. Und das will ich vor allem mir selbst beweisen. Ich tue mir das für mich selbst an.

So fällt es mir auch leicht, mich nicht ablenken zu lassen, oder plötzlichen Impulsen nachzugeben, sondern in hohem Maße Selbstdisziplin zu üben. Niemand hat mir verboten, das eine oder andere Mal schon 10 Kilometer vor dem Ziel den Tag zu beenden. Das kam aus mir selbst heraus, weil ich überzeugt von meinem Vorhaben bin und weil ich weiß, dass ich diese Strecke bewältigen kann, schneller, als irgendjemand vor mir.

Dass Selbstdisziplin ein weiterer Bestandteil dessen ist, was in der Wissenschaft Volition – also Willenskraft – genannt wird, kann ich also bestätigen: „Menschen mit hoher Volition erkennen früher als andere, was in einer Situation notwendig ist und setzen ihre Erkenntnisse   konsequent um. Sie verfügen über ein hohes Maß an Selbstdisziplin und können plötzliche Impulse, Ablenkungen oder ‚Verlockungen' wirksam kontrollieren. Diese Disziplin kommt nicht aus einem selbst auferlegten Zwang. Vielmehr erkennen sie den tieferen Sinn in dem, was sie tun."

Ich möchte anmerken, dass es keine Gesundheitsgefährdung im eigentlichen Sinne ist. Ich bewege mich im Rahmen kalkulierbarer Risiken und im Rahmen einer sehr guten Vorbereitung. Es gibt auch Grenzen über die ich nicht gehen würde und das sind eben jene, die meiner körperlichen Gesundheit bewusst schaden würden.

KAPITEL 9 –

REINE NERVENSACHE

Die Tagesetappen 13 bis 15

Nach meinen Berechnungen benötige ich jetzt noch ungefähr 3 Tage bis zu meinem Ziel. Es wird sich herausstellen, dass diese Tage meine Nerven noch einmal auf eine harte Probe stellen wollen. Das Wetter verschlechtert sich zunehmend, es ist kalt und regnet fast unaufhörlich. An die Kälte kann ich mich gewöhnen, aber der Dauerregen ist wirklich sehr zermürbend.

Es ist grundsätzlich kein Problem, wenn es mal 3 Stunden regnet, aber wenn es wirklich nur noch regnet, kann es zu einem sehr großen Problem werden. Nämlich dann, wenn es keine Möglichkeit mehr gibt, seine Sachen einigermaßen zu trocknen, um sich somit vor der nächtlichen Kälte zu schützen und halbwegs vernünftig schlafen zu können. – Davon klappt allerdings nichts.

An Tag 13 komme ich gut voran und der Regen macht mir zunächst nichts aus. Ich werfe mein Regencape über, welches nach der nun dritten Benutzung eher einer zerfetzten Frischhaltefolie gleicht. Zunächst versuche ich, immer in den etwas schwächeren Regenabschnitten in den nächsten Ort zu gelangen, um dann in den schlimmsten Phasen eine Unterstellmöglichkeit zu haben.

Ich merke jedoch, dass ich dadurch kaum vorwärts komme und meine Sachen trotzdem klitschnass sind. Zudem habe ich keine Ahnung, wie lange es noch regnen würde. Irgendwann entscheide ich mich also dazu, einfach zu laufen, egal ob oder wie stark es auch regnen mag.

Jeder, der schon einmal im Regen gelaufen oder Rad gefahren ist, weiß, wie ekelhaft das am Anfang ist. Es kommt aber auch irgendwann der Moment, an dem man total durchnässt ist und ab diesem Zeitpunkt ist es einem scheißegal.

An diesem Punkt bin ich nun angekommen. Inzwischen fühlt sich jeder Schritt ungefähr so an, als würde ich mit Socken durch Morast laufen und meine Kleidung wiegt inzwischen bestimmt das Doppelte, da sich alles mit Wasser vollgesogen hat. Als sich der Tag dem Abend nähert, stellt sich mir – wie immer – die Frage, wo ich heute Nacht schlafen kann. Wo schläft man, wenn es in Strömen regnet und die Sachen nass sind? Natürlich dort, wo es warm ist und man seine Sachen trocknen kann ... ha, ha. Aber genau so eine Stelle ist in einem solchen Fall in der Natur schlecht zu finden. In einem Dickicht versuche ich, mir also aus meiner Isomatte, den Resten des Regencapes und meiner Rettungsdecke so etwas wie einen Regenschutz zu bauen. Dies gelingt mir, na sagen wir mal, teilweise.

Ich bin nachts irgendwann aufgewacht, weil ich dachte, mit den Füßen in einer Pfütze zu liegen. Tatsächlich aber lief das Wasser von meiner Abdeckung dort hinunter. Ich habe in dieser Nacht alle meine Kleidungsstücke ausgezogen und mich in eine weitere Rettungsdecke gehüllt. Dies beschert mir zumindest eine halbwegs warme Nacht, wobei es mir übertrieben scheint, hier den Begriff „Wärme" zu verwenden. Das Schönste erwartet mich dann aber noch am nächsten Morgen. Jetzt heißt es nämlich wieder rein in die nassen, von der Nacht durchkühlten Sachen.

Um nicht unnötig weiter auszukühlen, versuche ich sofort ein hohes Tempo zu gehen und irgendwie auf Temperatur zu kommen. Meine Angst, in den letzten Tagen noch krank zu werden, ist sehr groß. Gemütliche Pausen gibt es inzwischen nicht mehr. Halbwegs warm ist es nur wenn ich laufe und außerdem will ich nur noch ankommen. Ich empfinde das noch einmal als eine extreme psychische Belastung, das man nach 13 Tagen mentaler und körperlicher Anstrengung noch einmal auf eine solche Probe gestellt wird. Ich rate jedem, der sich das nicht so recht vorstellen kann, einfach mal einen ganzen Tag im Regen ohne Regenschutz umherzulaufen und die darauffolgende Nacht im Freien zu schlafen. Mich kotzt das einfach nur noch an. Meine Nerven liegen am Boden und jemand trampelt darauf herum.

Aber aufgeben, so kurz vor dem Ziel, kommt natürlich nicht infrage, das ist keine Option für mich. Stattdessen versuche ich noch einmal alles, um Herr der Lage zu werden und mir irgendwie etwas zu bauen, um den Regen abzuwehren. Ich habe zumindest das Gefühl etwas zu tun, aber bei derart starkem Regen ist ein Provisorium einfach nicht genug.

Es ist heute bereits dunkel, als ich auf einer Landstraße unterwegs bin. Landstraße heißt für mich: auf dem weißen Streifen gehen. Mir bleiben nach links und rechts oft keine 30 Zentimeter. Die Autos heizen an mir vorbei und ich bete jedes Mal, dass die Fahrer hoffentlich aufmerksam sind und mich nicht umfahren. Bei jedem LKW, der mich überholt, muss ich meine Mütze festhalten, da sie sonst durch den heftigen Fahrtwind weggeweht würde.

Bei Regen wird die ganze Sache noch um einiges lustiger. Da bekomme ich nämlich von jedem vorbei-fahrenden Laster, eine komplette kostenfreie Dusche dazu. Super, ich freu mich!!!

Irgendwann entdecke ich auf der linken Seite Holzverschläge, welche Strohballen vor der Witterung schützen. Etwas Besseres hätte mir nicht passieren können. Meine Schritte werden immer schneller. Ich habe heute eigentlich noch 5 Kilometer vor mir, aber diese Möglichkeit will ich mir nicht entgehen lassen, vor allem, weil ich weiß, dass die Übernachtungsmöglichkeiten hier nicht so gut gesät sind. Lieber sammle ich hier noch ein paar Kräfte für meine letzte Etappe.

Also kletterte ich die riesigen Heuballen hinauf und breite – oben angekommen – alle meine Sachen aus. Ich hoffe sie etwas trocknen zu können. Das Heu ist super, um mich vor aufsteigender Bodenkälte zu schützen. Ich freue mich sehr über die tolle Unterkunft, obwohl es noch immer bitter kalt ist. Aber zumindest ist es trocken und ich habe die Chance, morgen in halbwegs trockene Sachen schlüpfen zu können.

Die Nacht war gut, aber meine Sachen sind leider nicht wirklich trocken geworden. Wie heißt es so schön: Not macht erfinderisch. Also bastel ich mir aus den Müllsäcken, die ich noch in meinem Rucksack mit mir umhertrage, eine Art Unterwäsche. Diese ist natürlich nicht „atmungsaktiv" und ich schwitze ziemlich, aber es ist das einzig verbleibende „trockene Kleidungsstück", welches ich noch besitze. Ein ähnliches Modell ziehe ich noch über meine Sachen. So ein Anzug ist gewöhnungsbedürftig, ich komme mir vor, als hätte ich eine Ganzkörperwindel an.

So ausgerüstet, hoffe ich, mich gut vor dem Regen schützen zu können. Jeder, dem ich begegne, dreht sich nach mir um und denkt vermutlich: „Was für ein Verrückter ...". Aber das ist mir egal. Die Mütze tief ins Gesicht gezogen, gehe ich meines Weges. Als ich gerade einen kleinen Seeweg am Ammersee entlanglaufe, sehe ich am Wegesrand einen Regenschirm am Boden liegen. Er sieht vollkommen intakt aus, sodass ich mich verwundert umblicke, um die dazugehörige Person zu finden.

Ich rufe leise „hallo", aber es meldet sich niemand und ich kann weit und breit auch keinen Menschen sehen. Ich hebe den Schirm auf und sehe, dass zwei Spannstangen gebrochen sind, sodass der Schirm etwas unförmig wirkt. Aber hey, was soll's, ich würde sagen, der Steven hat jetzt einen Regenschirm. Ich bin zwar noch immer völlig durchnässt, aber für den Augenblick ist mir das egal, denn zumindest von oben merke ich nun von dem Regenwetter nichts mehr.

Meine Quartierwahl für heute fällt auf einen Schlafplatz in der Nähe eines Bahnhofs, direkt am Gleis. In dieser Nacht habe ich genau 0 Minuten geschlafen. Als hätte es am Tage nicht schon genug geregnet, gibt es genau jetzt nochmal einen richtigen Wolkenbruch, als ich mich in meinen Schlafsack lege und schlafen will. Und ich meine mit „Wolkenbruch" dass es gießt, wie aus Eimern. Ich kann gar nicht so schnell meine Sachen zusammenpacken, wie ich weg will. Aber wo soll ich hin?

Ich befinde mich in einem kleinen Ort und hier ist nicht einmal der Bahnhof nachts geöffnet, geschweige denn überdacht. Nachdem ich gefühlte zwei Stunden durch den Ort irre, um einen Schlafplatz zu finden, verbringe ich weitere zwei Stunden in einem Tunnel. Dann habe ich die Nase voll. Ich denke an den Aufstieg morgen und daran, dass ich es danach geschafft habe. Also scheiß drauf, ich gehe jetzt los, mir ist alles egal. So geht es für mich also völlig unterkühlt, nass und genervt auf die letzte Etappe vor dem Aufstieg. Ich weiß von diesem Tag nicht mehr wirklich viel, aber an eines erinnere ich mich sehr genau. Mir war hundekalt. Meine Müllsack-Kleidung half ein wenig und brachte mich durch den Tag.

Am Ende meiner letzten Etappe, vor dem Aufstieg, begrüßen mich meine Eltern, mein Opa und meine Freundin in Garmisch-Partenkirchen. Es fühlt sich gut an, sie alle wiederzusehen. Das gibt mir noch einmal zusätzlich Kraft. Ich will an diesem Abend früh ins Bett, um für den morgigen Tag ausgeruht zu sein.

So verbringe ich die letzte Nacht meiner Deutschland-Tour auf einem Parkplatz am Fuße der Zugspitze, direkt am Zugang zum Klettersteig, mit allen anderen, die morgen früh auf den Berg wollen. Im Gegensatz zu ihnen, schlafe ich jedoch nicht „im" sondern „neben" dem Auto.

KAPITEL 10 –

DER AUFSTIEG

Aufstieg zum Gipfel der Zugspitze

Freigesetzte Kräfte aufgrund der vollbrachten Leistung

Wie zu erwarten war, habe ich die ganze Nacht kaum ein Auge zugemacht. Ich bin aufgeregt. Um 6 Uhr geht es auf die Strecke. Ich wusste gar nicht, dass so viele Menschen auf den Gipfel wollen. In der Nacht reisten immer mehr Autos an, um an diesem Morgen in aller Frühe mit dem Aufstieg beginnen zu können.

Wie gewohnt, geht es für mich um 5:30 Uhr aus dem Bett. Noch einmal alles geben und dann ist es geschafft, dann hat es ein Ende – das sind meine Gedanken. Ich bin hochmotiviert.

Nach noch nicht einmal 500 Höhenmetern komme ich schon mit anderen Bergsteigern ins Gespräch, vermutlich auch deshalb, weil mein Aufzug natürlich nicht dem eines typischen Bergsteigers entspricht und ich so in gewisser Weise auffalle. Ich werde gefragt, wo es hingehen soll. Als ich erzähle, dass ich ganz nach oben möchte, fragen Sie mich nach einem Zwischenpunkt auf diesem Weg. Ich erwidere, dass ich auf den Gipfel will. Während meiner Ausführungen wandern ihre Blicke zuerst den Berg von oben nach unten und dann meinen Körper von oben nach unten entlang. Dann können sie sich ein breites Grinsen nicht verkneifen und fragen ungläubig, ob ich so nach oben will?

Ich merke, niemand nimmt mich so richtig ernst. Also berichte ich ihnen von meiner Tour, den 990 Kilometern, die hinter mir liegen und all den Qualen der vergangenen Tage. Nun sagen auch sie: „Steven, du musst da hoch."

Die Bedingungen an diesem Tag sind, um es mal nett zu formulieren, beschissen. Es fällt Schnee gemischt mit Regen, teilweise kommt Nebel mit Sichtweiten von unter 5 Metern auf und am oberen Teil des Berges sind bereits erste Wege unpassierbar. Alles andere, als super Voraussetzungen, aber ich möchte zumindest so weit gehen, wie ich komme. Umdrehen kann ich immer noch und ein Aufgeben ohne ersten Versuch kommt nicht in Frage.

Nach zirka 1000 Höhenmetern macht mein Magen plötzlich Probleme, ich schwitze, mir ist schwindelig und ich muss mich unbedingt setzen. Für mich kommt das ganz überraschend, und ich dachte einen Augenblick lang, dass hier mein Weg endet. Ich muss mich übergeben, mich ausruhen und komme langsam wieder etwas zu Kräften. Als es mir etwas besser geht, esse ich meine letzten Nahrungsvorräte. Nach ungefähr einer Stunde Pause bin ich soweit, dass ich weitergehen kann. Ich gehe Meter für Meter und will einfach schauen wie weit ich komme.

Unterwegs bekomme ich von einem mir völlig Fremden neue, noch verpackte Steigeisen geschenkt, nachdem ich zunächst belächelt werde und dann meine Geschichte erzähle. Das finde ich unglaublich cool. Der Mann wünscht mir viel Erfolg und drückt sie mir einfach in die Hand. Wenn du das liest: „DANKE".

Immer wieder kommen dicke Nebelfelder auf, Regen setzt ein und der Schnee reicht mir bereits bis zu den Knien. Ich bin immer noch in Laufschuhen und Jogginghose unterwegs. Meter für Meter geht es nach oben. Einen Fuß vor den anderen. Irgendwann bin ich so im Gehen vertieft, dass ich weiß: Jetzt drehe ich nicht mehr um, ich werde meine Tour heute beenden.

Und dann plötzlich ist es Wirklichkeit. Ich stehe auf dem Gipfel der Zugspitze, am Ende meines Deutschland-Laufs. Ich habe mein Ziel erreicht.

So richtig kann ich in diesem Moment gar nicht   erfassen und begreifen, was ich da geleistet habe. Es ist einfach nur ein geiles Gefühl. Es ist erstaunlich, nie hätte ich bei meinen Magenproblemen am Anfang des Aufstieges gedacht, dass ich an diesem Tage das Gipfelkreuz sehen würde. Aber ich hab's geschafft.

So richtig erleichtert und glücklich bin ich allerdings erst, als ich wieder unten bin. Auf dem Parkplatz im Auto weiß ich, dass ich jetzt keinen Meter mehr laufen muss. Das ist das Wichtigste. Ich bin ich völlig am Ende, will nur noch essen und schlafen. Alles andere ist mir egal.

KAPITEL 11 –

ENDSTATION KOPF

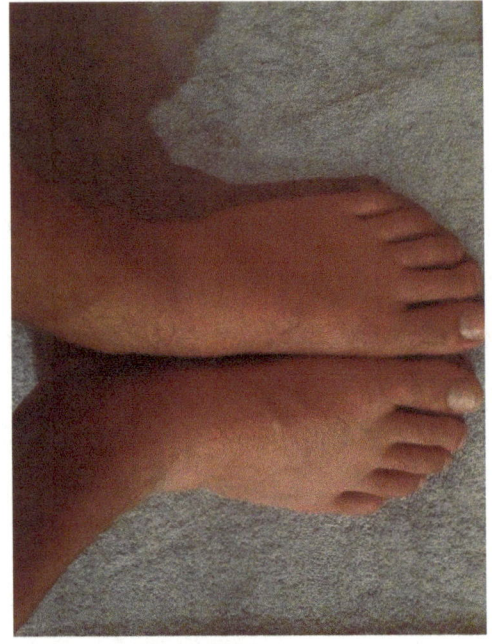

Motivation + Training + Vorbereitung +
mentale Stärke = Möglichkeit zur Überwindung
von Grenzen

Was ist mentale Stärke aus wissenschaftlicher
Sicht? (Zusammenfassung der in den einzelnen
Kapiteln vorgestellten Faktoren)

Wie kann ich mentale Stärke trainieren?

Erst am Tag danach schwellen meine Füße auf die doppelte Größe an. Ein Knöchel ist nicht mehr erkennbar. Meine Füße und Gelenke sind so dick wie meine Waden. Zudem habe ich auf der Tour 7 Kilogramm Körpergewicht verloren. Soweit die körperlichen Spuren, die dieses Abenteuer bei mir hinterließ. Aber auch in meinem Kopf passierte etwas.

Aufgrund der Erlebnisse und Herausforderungen, kann ich sagen, dass ich seit dieser Tour ein noch größeres Selbstvertrauen in meine Fähigkeiten gewonnen habe. Zudem bin gelassener geworden, was Probleme angeht, und in gewisser Weise auch dankbarer für viele Dinge in meinem Leben, die ich vorher als selbst-verständlich angesehen habe.

Neben der notwendigen Motivation, dem regelmäßigen Training und einer gut durchdachten Vorbereitung gab mir meine mentale Stärke die Möglichkeit, über meine Grenzen zu gehen.

Mentale Stärke entsteht einerseits aus der Fokussierung auf das Wesentliche. Ich hatte ein klares Ziel vor Augen, das ich erreichen wollte, weil es wertvoll für mich ist. Wertvoll in dem Sinn, dass es mich erkennen lassen sollte, wie weit mein Wille mich bringen kann. Dieses Wissen und diese Einstellung gaben mir die Kraft, die vielen Schwierigkeiten und Hindernisse zu meistern und zu bezwingen.

Dieses Bewusstsein zugrunde gelegt, konnte ich auch negative Gefühle, die oft während dieser Tour über mich hereinbrachen, zulassen und mit ihnen konstruktiv umgehen. Auch das ist Bestandteil mentaler Stärke.

Genauso ist das Vertrauen in die eigenen Fähigkeiten und das Vertrauen in die Wirksamkeit dessen, was man mit seinen Fähigkeiten erreichen kann, wichtig. – Je länger die Tour dauerte und je mehr Unannehmlichkeiten ich erlebte und überwand, desto besser wurden mir *meine Fähigkeiten* bewusst und desto größer wurde *mein Vertrauen* in diese.

Außerdem war mir von Anfang klar, dass mein Lauf kein Spaziergang werden würde und dass ich mit Überraschungen rechnen muss. Soweit es ging, habe ich mich vorbereitet, aber das war nur bis zu einem gewissen Punkt möglich.

Ich konnte mich beispielsweise nicht darauf vorbereiten, wie es sein würde, tagelang im Regen zu   laufen oder wie es sein würde, wenn man seine Sachen nicht mehr trocknen kann und trotzdem weiterlaufen muss. Ich konnte diese Probleme nicht aussitzen, dann hätte ich mein Ziel nicht erreicht. Ich musste also Entscheidungen treffen und damit leben, dass die Zukunft unvorhersehbar ist.

Selbstdisziplin – was letztlich auch Teil mentaler Stärke ist – war für mich als Sportler eine Selbst-verständlichkeit. Weil ich den tieferen Sinn der Strapazen und Entbehrungen kannte, gab es für mich keine Verlockungen, denen ich nicht widerstehen konnte. Andernfalls hätte ich bei schönem Wetter wahrscheinlich den ganzen Tag am See verbracht oder wäre einfach sitzen geblieben, um die Schönheit der Landschaft zu bestaunen. Aber diese plötzlichen Impulse gab es während der gesamten Tour nicht.

„Über Grenzen gehen" muss ich manchmal auch im beruflichen Bereich, um den Erfolg zu haben, den ich mir wünsche. Alle Punkte, die es mir ermöglicht haben, meine Deutschland-Tour erfolgreich zu beenden, sind eins zu eins auch auf das berufliche Leben übertragbar.

Natürlich ist Motivation unabdingbar, um zu erreichen, was ich mir vorgenommen habe. Um diese Motivation aufrechterhalten zu können, ist es in erster Linie jedoch wichtig, mir bewusst zu machen, was meine Ziele sind und warum diese Ziele für mich wertvoll sind. Und das ist manchmal gar nicht so einfach.

Ist es mein vorrangiges Ziel, Dinge zu verändern oder zu optimieren?

Ist es mein Ziel, Macht zu haben?

Ist es mein Ziel, etwas Sinnvolles zu tun? Oder vielleicht viel Geld zu verdienen?

Und wenn man sich diese Fragen beantwortet hat, sollte man sich weiter fragen: Warum ist mir das eine oder das andere wichtig?

Dann wird deutlich, welche Werte in meinem Leben wesentlich sind. Wenn ich dann ein Ziel identifiziert habe, das wirklich meinem Inneren entspringt, werde ich auch die Kraft aufbringen, schwierige Situationen anzunehmen und konstruktiv mit diesen umzugehen. Wenn ich ein Ziel unabhängig von äußeren Zwängen und den Erwartungen anderer gefunden habe, ist eine Erfolgsgarantie eigentlich schon gegeben.

Natürlich muss ich auch wissen, was meine Fähigkeiten sind und ich muss lernen, auf diese Fähigkeiten zu vertrauen. Das kann ich nur durch Übung, Ausprobieren und Experimentieren. Fehler sind erlaubt und eine Angst davor ist überflüssig. Denn auch wenn ich scheitere, habe ich Erfahrungen gemacht.

Das „Aussitzen" von Problemen und ein bloßes Re-Agieren auf Situationen, gehören nicht zur mentalen Stärke. Wenn ich ein Ziel habe, versuche ich die Situation aktiv zu gestalten, denn ich weiß ja worauf es ankommt, weil das Ziel, das ich mir gesetzt habe, für mich wichtig und wertvoll ist. Deshalb werde ich alles daran setzen, es zu erreichen. Ich bin mir dennoch immer bewusst, dass es jederzeit zu unvorhersehbaren Situationen kommen kann, die ich bewältigen muss und werde.

Letztlich ist die Selbstdisziplin, das sich „nicht-ablenken-lassen" ein wichtiger Bestandteil mentaler Stärke. Für jeden Sportler ist Selbstdisziplin ein geläufiger Begriff, denn egal in welchem Sport – Disziplin gehört in jedem Fall dazu. Aber auch Nicht-Sportler können Disziplin trainieren. Wenn das zu erreichende Ziel für mich einen Sinn hat, lasse ich mich weniger leicht ablenken.

Wenn ich mir bewusst darüber bin, was und warum ich es tue, werde ich „Verlockungen" leichter widerstehen. Das Kommunizieren meiner Ziele hilft auch ungemein, meine Selbstdisziplin zu stärken. Wenn meine Familie beispielsweise weiß, dass ich ab heute jeden Morgen laufe, ist das auch eine Art Verpflichtung. In diesem Fall ist meine Selbstdisziplin vermutlich höher, als wenn ich dieses Ziel nur mir selbst mitgeteilt hätte.

Mit meinem Lauf durch Deutschland – den ich rückblickend als wunderbares Erlebnis bezeichnen kann – wollte ich herausfinden, wie groß der Anteil mentaler Stärke beim Erreichen von Zielen ist. Für dieses spezielle Projekt und für die Voraussetzungen, die ich mitbrachte, kann ich sagen, dass 80 Prozent meiner Leistung auf meine mentale Stärke und 20 Prozent auf meine körperlichen Fähigkeiten zurückzuführen sind.

Natürlich ist eine gewisse körperliche Fitness und Belastbarkeit unabdingbar bei einem solchen Projekt. Aber das allein reicht in keinem Fall. Die mentale Einstellung entscheidet in viel größerem Maße über Erfolg und Misserfolg. Ich konnte mir selbst in unzähligen Situationen beweisen, dass der Kopf der absolut elementare Faktor ist, um eine solche Tour zu bewältigen.

Fakten

Start am 29.8.13

Ziel am 12.9.13

Ich habe mir lange darüber Gedanken gemacht, welche Ausstattung ich auf mein Abenteuer mitnehmen soll, und musste immer wieder abwägen zwischen Notwendigkeit und Gewicht der einzelnen Sache. Da ich mir vorgenommen hatte, ausschließlich im Freien zu übernachten, musste ich Vorsorge treffen, denn jeder weiß, dass die Witterung im September sehr durchwachsen sein kann. Schließlich hatte ich mich für folgende Dinge entschieden:

Trinkflasche

Erste Hilfe Set

Bandagen

Rettungsdecke

Isomatte

Schlafsack

Regenjacke

Müllsäcke als Unterlage, Regenabdeckung

Messer (Auf gar keinen Fall hätte ich auf mein Messer verzichten wollen, es war immer sehr wichtig und nützlich.

Ich habe es nicht nur dazu benutzt, mein Essen zu schälen, zu schneiden oder zu verspeisen, sondern ich benötigte es auch um Sträucher oder Äste zu beseitigen und mir aus den Müllsäcken eine Regenbekleidung zu basteln.)

Zahnbürste und Zahncreme

GPS Gerät

Kartenmaterial

Kochtopf

Wechselsachen (Unterhose, Shirt, Socken)

Feuerzeug

Alles zusammen wog insgesamt 16 Kilogramm und war meiner Meinung nach die Minimalausstattung, zumindest dachte ich das zu Beginn meiner Tour. Wie sich im Laufe der Zeit zeigte, war dieses Gewicht auf Dauer nicht zu bewältigen. Ich reduzierte den Inhalt deshalb um ungefähr 4 Kilogramm.

Neben der Prämisse, nur im Freien zu übernachten, war eine weitere Regel, nur das zu essen und zu trinken, was die Natur mir bietet. Eine wichtige Frage, die sich mir stellte, war deshalb, wie ich meinen Energiebedarf während der Tour decken würde. Dazu sah ich mir im Vorfeld dutzende Videos und Bücher an und achtete dabei speziell auf die Pflanzen, die im deutschen Raum zu finden und genießbar sind. Dabei konnte ich feststellen, dass das natürliche Nahrungsangebot in unseren Breiten, zumal in dieser Jahreszeit, gar nicht mal so klein ist.

Obwohl ich mich sehr gut informiert hatte und gut vorbereitet war, hatte ich mich während der Tour hauptsächlich auf das beschränkt, was am Wegesrand zu finden war, weil ich einfach nicht so viel Zeit für die Nahrungssuche aufbringen wollte. Genau aus diesem Grund hatte ich auch darauf verzichtet, zu Fischen oder Fallen aufzustellen.

Ich machte auch keine Experimente hinsichtlich der Pflanzen, die ich gegessen hatte, sondern beschränkte mich ausschließlich auf das, was ich eindeutig identifizieren konnte. Ich wollte nicht riskieren, mir eine Magen-verstimmung oder gar eine Vergiftung zu holen.

Meine Hauptnahrung bestand also aus Äpfeln, Birnen und Pflaumen. Alles in eher halbrohem Zustand, da noch nicht wirklich Erntezeit war. Des Weiteren gab es Kartoffeln, Mais, Hagebutten, Brennnesseln, Brombeeren und Löwenzahn. Getrunken hatte ich Wasser aus den Flüssen, manchmal gekocht mit Brennnesseln oder Hagebutten, um mal einen anderen Geschmack zu erhalten und etwas Warmes im Magen zu haben.

Ich kam somit am Tag auf maximal 1000 Kalorien. Im Normalfall würde ein Leistungssportler bei dieser Belastung ein Vielfaches an Kalorien pro Tag zu sich nehmen.

Die fehlende Energie machte sich natürlich bemerkbar. Insbesondere in den ersten 3 Tagen merkte ich deutlich, wie der Magen nach mehr verlangte. Ich fühlte mich schlapp und musste noch mehr Zeit aufbringen, um ausreichend Nahrung zu finden, damit meine Leistung nicht allzu sehr abfällt. Ab dem dritten Tag hat sich der Körper aber auf die neuen Umstände eingestellt und kam wesentlich besser mit der veränderten Nahrungsaufnahme und dem begrenzten Energieangebot zurecht.

Einfache Bewegungsabläufe, wie leichtes Joggen oder schnelles Gehen waren so ohne Probleme möglich, solange ich zumindest immer meinen Grundbedarf mit dem natürlichen Nahrungsangebot abdecken konnte.

Die fehlende Energie merkte ich immer dann, wenn Körper und Muskulatur noch mal richtig gefordert wurden, wenn es bergauf ging und speziell beim Aufstieg zur Zugspitze. Hier musste ich wirklich um jeden Meter kämpfen. Der Körper war aufgrund der Strapazen der vorhergehenden Tage ziemlich geschwächt und sollte nun noch einmal 6 Stunden bergauf laufen. Immer wieder musste ich dann lange Pausen einlegen und merkte, wie mir die Höhe deutlich früher als gewohnt, den Atem raubte.

Grundsätzlich habe ich aber festgestellt, dass der Körper sehr gut in der Lage ist, mit extrem wenig Nahrung über viele Tage hinweg extrem hohe körperliche Leistungen zu vollbringen. Das hat natürlich seinen Preis: Ich verlor während der Tour 7 Kilogramm an Gewicht.

Das wenige Essen führte auch dazu, dass ich während dieser Zeit von allen möglichen Speisen träumte und – ich hatte dazu ja eine Menge Zeit – mir im Kopf eine Liste zusammenstellte, mit Dingen, die ich unbedingt essen wollte, wenn ich wieder zuhause bin. Das war beispielsweise Wiener Schnitzel und Spargel, Fladenbrot mit warmem Schafskäse und Krautsalat, Kuchen und Eis sowieso. Nach der Tour habe ich diese Liste „abgearbeitet" und so innerhalb von 2 Wochen mein verlorenes Gewicht wieder gewonnen. Ich habe wirklich alles gegessen, was nicht weglaufen konnte, es gab keine Regeln: Schokolade mit Zitrone, Reis mit Marmelade und vieles mehr.

Interessant war es für mich auch, festzustellen, dass die Geschmacksnerven, nach so einer „Fastenkur" viel sensibler als bisher auf Nahrung reagieren. Natürlich konnte ich meine Nahrungsmittel nicht mit Salz, Pfeffer oder anderen Gewürzen verfeinern und so kam es mir nach der Tour so vor, als wäre alles *extrem* gewürzt.

Quellenangaben

Für weitere Informationen zum Konzept der intrinsischen Motivation:

http://www.intrinsische-motivation.eu/

http://www.ursache.at/gesundheit/psychologie/114-sag-mir-wer-ich-bin

vgl. http://www.willenskraft.net/

https://www.psychologie-heute.de/news/emotion-kognition/detailansicht/news/ein_wahrer_held_fuehlt_keine nschmerz/

http://www.willenskraft.net/

http://www.willenskraft.net/

Zeitfracht Medien GmbH
Ferdinand-Jühlke-Straße 7
99095 Erfurt, Deutschland
produktsicherheit@kolibri360.de